臺灣歷史與文化 研究輯刊

八　編

第2冊

日據時期台灣留日學生與戰後台灣政治（上）

李躍乾 著

花木蘭文化出版社

國家圖書館出版品預行編目資料

日據時期台灣留日學生與戰後台灣政治（上）／李躍乾 著 --
初版 -- 新北市：花木蘭文化出版社，2015〔民 104〕
目 6+168 面；19×26 公分
（臺灣歷史與文化研究輯刊 八編；第 2 冊）
ISBN 978-986-404-428-3（精裝）
1. 臺灣政治 2. 留學生 3. 日據時期
733.08   104015131

ISBN- 978-986-404-428-3

9 789864 044283

臺灣歷史與文化研究輯刊
八 編 第 二 冊   ISBN：978-986-404-428-3

日據時期台灣留日學生與戰後台灣政治（上）

作　　者　李躍乾
總 編 輯　杜潔祥
副總編輯　楊嘉樂
編　　輯　許郁翎
出　　版　花木蘭文化出版社
社　　長　高小娟
聯絡地址　235 新北市中和區中安街七二號十三樓
　　　　　電話：02-2923-1455／傳真：02-2923-1452
網　　址　http://www.huamulan.tw 信箱 hml 810518@gmail.com
印　　刷　普羅文化出版廣告事業
初　　版　2015 年 9 月
全書字數　286687 字
定　　價　八編 29 冊（精裝）台幣 58,000 元

日據時期台灣留日學生與戰後台灣政治（上）

李躍乾　著

作者簡介

　　李躍乾，江蘇東海人，史學博士，現就職於北京聯合大學臺研院，副研究員，主要研究領域是中國近現代史。中國抗戰史學會會員。已出版獨自完成的書籍《臺灣光復》、《民國軍制》、《日據時期臺灣留日學生與戰後臺灣政治》、《非常事端》、《毛澤東與十大元帥》、《京杭大運河——漕運和航運》六本。翻譯出版美國大學教材《世界觀》一本。

　　參編書籍《寶島臺灣》、《寶島遊客逛北京》等四本。

　　發表學術論文《論毛澤東對辛亥革命經驗教訓的系統總結》等十數篇。

提　　要

　　本書運用豐富的歷史資料，運用西方社會學關於社會階層的新理論，運用西方政治學中關於政治團體的新理論，對日據時期（1895 年～ 1945 年）臺灣留日學生與戰後臺灣政治的關係，進行了深入細緻的研究，結論新穎獨到，具有一定的啓發性。

　　日據時期，到日本留學的青少年，在日本接受了近代化的科學知識和政治知識，擁有雄厚的經濟資本、文化資本和社會關係資本。他們返回臺灣之後，在臺灣經濟、政治、文化、社會等各個領域都起著帶頭模範作用，地位十分重要！

　　他們深明民族大義，把臺灣的前途與祖國大陸的強盛聯繫起來，領導了臺灣人民歡迎臺灣光復的重要活動。他們十分關心臺灣人民的政治前途和福祉，在「二二八事件」中領導了反對國民黨官僚的鬥爭。他們十分關心家鄉的各項建設事業，積極地參加臺灣各項政治選舉，尤其是省議員和縣市長的選舉。他們眞誠地希望臺灣政治向日本、美國等先進國家學習，實現現代化，因此積極地參加了戰後臺灣幾十年的組建新政黨的活動，有力地推動了臺灣政治的進步。

　　留日學生中的極少數人，由於受到了日本軍國主義等思想的影響，對中國的前途悲觀失望，再加上其個人利益受損，走上了「臺獨」之路。這嚴重影響了臺灣政治的發展，也嚴重影響了海峽兩岸關係的正常發展。

　　本書深刻地揭示了民進黨成立的歷史背景與社會階級基礎，爲研究和關心臺灣的朋友們所必讀！

目

次

圖表目次

導　論

第一節　研究的緣起和目的

一、研究背景

　　2004 年 9 月，我練筆寫作李登輝傳記時，發現一個令人困惑的問題，可以說是政治之謎也是歷史之謎。早在 1993 年前後，李登輝就大談「生為臺灣人的悲哀」，並稱國民黨政權是所謂「外來政權」，「臺獨」分子的真面目基本上暴露了。1996 年 3 月，儘管遭到了中國大陸的猛烈批判，李登輝仍然能當選首屆所謂「民選總統」。2000 年 5 月，李登輝領導十二年的國民黨丟掉了政權。雖然國民黨內有大批人極力反對李登輝，但臺灣島內對他十二年執政情況表示滿意的民眾仍接近六成。〔註1〕這說明李登輝在島內的統治基礎不僅有國民黨，還有另外的一個階級、階層或集團。在所謂政權「本土化」或者說省籍矛盾問題上，李登輝是這個階級、階層或集團的代表人物，具有指標性的作用。

　　隨著對臺灣書籍閱讀範圍的拓寬和研究的深入，我發現李登輝的成功與他留日的經歷密不可分。在臺灣的近現代史上，臺灣的留日學生是個極其重要的社會階層，影響十分巨大。日據時期五十年間，大約有六萬臺灣青少年留學日本，當時叫「到內地求學」。他們是臺灣社會的精英或者說是領導階層，對臺灣的政治、經濟、教育、科技、文化、社會生活等各個方面都有著根本

〔註1〕　臺北，《中國時報》，2000 年 3 月 25 日，第一版。

性的影響。

在政治上，二十世紀落後國家和民族的反殖民主義運動，力量常常來自海外留學的知識分子。臺灣留日學生在日據時期也是反日本殖民統治運動中的領導力量。在這場運動中，林獻堂、蔡惠如等地主階級知識分子是領袖，留日學生則是中堅的新生的力量。

臺灣留日學生還領導臺灣抗日團體參加了中國大陸的抗日戰爭和光復臺灣的偉大鬥爭。臺灣光復後，臺灣留日學生積極地參加了新臺灣的建設，在各個領域尤其是在政治領域作出了自己的貢獻。臺灣留日學生中的極少數人，由於受日本軍國主義的影響太深，走上了分裂祖國的「臺獨」道路，對戰後直至今天的臺灣政治都有很壞的影響。

1980 年代，伴隨著現實生活中留學西方的高潮，中國大陸的學者開始重視研究 1896 年之後中國人留學日本的問題，並得出了一個很重要很理性的結論。留學，是世界文化史的重要組成部分，是世界文化從過去走向今天的重要途徑，也是世界文化從現在走向未來的重要媒介。留學，是中日關係史的重要組成部分，是中日關係從過去走向今天的重要管道，也是中日關係從現在走向未來的橋梁。留學，曾給中國的社會變遷以重大影響，曾給中國的社會進步以重大推動。一百年里中國人留學日本的運動，已經成了中國近代史、中國現代史和中國當代史中的重要篇章。〔註2〕儘管如此，但中國大陸學者卻沒有去研究日據時期臺灣留日學生的問題，不知道是因為顧忌當時臺灣被日本殖民，還是因為缺乏研究資料。

蔣介石父子統治臺灣時期，臺灣歷史文化研究受到一定的限制，研究範圍限於右翼臺灣留日學生的政治活動，即屬於國民黨和臺灣民族民主運動中右派的臺灣留日學生的抗日活動。

1990 年代以後，隨著臺灣經濟和社會的大發展，臺灣歷史文化研究在島內外逐漸成了顯學，加上島內輿論的開放，有關日據時期臺灣留日學生的資料大量出現，大批涉及臺灣留日學生的口述歷史、回憶錄、文集、傳記、地方志和研究論著出版，這為臺灣留日學生這個社會階層的整體研究提供了堅實的基礎。但是，此時島內的主流學者卻深受「臺獨」意識形態的影響，對臺灣歷史的研究從一個極端走向另一個極端，非常不客觀。在研究方法上，

〔註2〕 沈殿成：《中國人留學日本百年史 1896～1996》，上冊，瀋陽，遼寧教育出版社 1997 年，第 1 頁。

他們仍然沒有把日據時期臺灣留日學生當作一個社會階層或者整體進行研究，更談不上研究這個社會階層或整體在戰前或戰後的政治活動。

2005 年，在導師林仁川先生的指導下，在臺灣院歷史所周翔鶴、鄧孔昭、李祖基、陳小沖等老師的幫助下，我選擇了這個重要而又無人專題研究的課題作爲我的博士畢業論文。

二、研究目標

全面梳理日據時期臺灣留日學生這個特殊的社會階層的歷史資料，爲以後更加全面深入的研究奠定基礎；運用社會階層和政治文化理論，研究日據時期留臺灣日學生這個社會階層在戰後臺灣政壇上的活動狀況、活動規律和影響力，揭示日本政治文化對戰後臺灣政治的影響狀況，從而發現臺灣現代政治歷史的規律，爲中國大陸的現代化建設、海峽兩岸的交流，以及祖國統一大業提供歷史的借鑒。

第二節　研究對象和方法

一、研究對象及其特點

本文所研究的是日據時期（1895～1945）臺灣留日學生與戰後臺灣政治的關係。日據時期的臺灣留日學生包括小學生、中學生、職業學校學生、大專院校學生、軍校生、函授生等等，只要是在日本各級各類學校學習一年以上或者接受日本大學函授教育者，都屬於本文研究的對象。按照西方社會學上的社會階層新理論，凡是有相似的社會資源的團體都可以稱爲社會階層，不論其共享的社會資源是哪一種。臺灣留日學生共同享受的社會資源是日本的學校教育，因而可以作爲一個獨立的社會階層來加以研究。在教育問題上，臺灣和大陸完全一樣，十分重視。早在明朝臺灣就引進了科舉制度，有功名的讀書人享受很高的社會地位。〔註3〕所以臺灣留日學生也是如此，是社會領導階層或精英階層，也可以稱爲享受很高社會榮譽的「地位團體」。

臺灣青少年大量去留學的主要原因，是日本殖民者的教育歧視政策和臺

〔註 3〕　林仁川：《大陸與臺灣的歷史淵源》，上海，文匯出版社，1991 年 3 月，第 204 頁。

灣經濟的發展。「1918 年前，因公學校擴充緩慢，兒童入學率低（15.7%），中等以上教育機關更不完備，有志青年不得不去日本讀書。」〔註4〕因經濟的發展，臺灣人民產生了對教育和技術方面的要求，才有 1919 年新《教育法》的修訂。〔註5〕事實上，新的《教育法》仍不能滿足臺灣人民的需求，臺灣學校還是只偏重日文的訓練，而疏於知識的傳授，再加上學校的收容力有限，於是臺灣青少年紛紛渡海求學。

臺灣人到日本留學還有一個基本的原因，是日本的近代教育模式比中國的教育模式先進。例如，日本創辦東京帝國大學在 1877 年，而中國創建京師大學堂（即後來的北京大學）是 1902 年，相差 25 年；日本公佈歐美式近代化的新學制為 1872 年，而中國廢科舉興學堂為 1905 年，相差 33 年。1896 年以後，中國大陸也興起了一股留學日本的熱潮。〔註6〕這也對臺灣人選擇學習的地方有著重大的影響。

最早到日本留學的是 1895 年 12 月去日本明治大學普通科就讀的周福全。次年春，富豪兼著名紳士李春生帶著幾個孫子去日本讀中小學。在他們之後，留學日本的人數逐年增加，規模越來越大。「光緒 33 年，留日學生僅 63 人，民國 6 年增至 264 人，民國 7 年已達 493 人，且逐年增加。」〔註7〕1922 年已高達 2400 人左右。臺灣女性留學日本始自 1906 年，到 1930 年代才逐漸增多。〔註8〕

留學日本的臺灣人大體上可分為三種類型：「第一種是富家子弟，他們的父兄不滿於日人在臺灣的教育制度，自年少的時候就送去東京入小學校，如霧峰、板橋的林家及高雄陳家的子弟莫不如此。第二種是在臺灣的最高學府畢業，為著深造而赴日本留學的。……最後一種是不能考入醫專和國語學校的『狹門』，無法升學才跑到東京去的，這類居日本留學生的最大多數。」〔註9〕

〔註4〕 臺灣省文獻委員會：《重修臺灣省通志》卷六，臺北，1993 年，第 156 頁。

〔註5〕 矢內原忠雄：《日本帝國主義下的臺灣》，臺灣銀行，1964 年，第 108 頁。

〔註6〕 沈殿成：《中國人留學日本百年史 1896～1996》上冊，瀋陽，遼寧教育出版社 1997 年 8 月，第 20 頁。

〔註7〕 臺灣總督府文教局編：《臺灣總督府學事年報》，明治 40 年、大正 1、7 年度。

〔註8〕 游鑑明：《日治時期臺灣學校女子體育的發展》，中研院：《近代史研究所集刊》，2000 年 6 月，第 47 頁。

〔註9〕 葉榮鐘著、李南衡編：《臺灣人物群像》，臺北，帕米爾書店，1985 年，第 237 頁。

「幾乎所有學者一致認爲，教育是影響個人政治文化取向最具關鍵性的因素。」臺灣留日學生這個社會階層，具有所有受過良好教育者的一般特點，即「不僅消息較通達和表達能力較流暢，他們對時間亦有不同的感覺，對個人和社會效能有強烈的意識。他們較積極地參與小區事務，對新觀念、新經驗和新人物，持開放的態度，他們較重視科學、較容易接受變遷。總之，他們的人格特徵變爲更現代化。」〔註10〕他們收入高、影響力更大。他們有著與大眾不同的政治態度。

除此之外，由於有著被日本殖民統治的共同經歷，臺灣留日學生這個社會階層還有其本身的一些共同特徵：

（一）臺灣留日學生這個社會階層具有雄厚的經濟資本。由於留學日本花費巨大，故留日學生要有富裕的家庭。他們大多出身於地主商人或官紳家庭，能負擔留學費用。當然，也有極少數出身貧困家庭的人去日本留學，是由於得到了大地主大資本家或者教會的資助。例如，林獻堂資助甘得中、葉榮鐘等幾十個有志青年留日，他們幾乎都反日；基督教教會資助林茂生、高俊明等教會家庭的子女留日。留學之後，無論留在日本還是回臺灣，留日學生一般都能夠謀到收入較高的職業，如醫生、官吏、教師、記者、工程師、公司職員等等，有的則運用新式技術和經營理念經營工商業或農場。總之，他們有能力保持本階層在經濟上的優勢地位。

（二）臺灣留日學生這個社會階層具有優越的可再生的文化資本，這是他們能夠成爲臺灣社會領導階層的最重要的資本。臺灣留日學生在日本接受了先進的科技、文化知識，在經濟、文化、科技、政治等各領域都起到帶頭作用。因而他們本身也有很強的優越感。如前文所述，因爲日本近代教育模式遠遠比舊中國先進，所以留日學生特別是留學東京帝國大學、早稻田大學、慶應大學、東京商科大學等名牌大學畢業的比較自負。「日本的高等學校及帝國大學模倣德國的制度，所以我們都有自負心理。光復初年，有人要把我的論文送到美國某大學去申請學位，我嚴詞拒絕了，因爲我覺得自日本高等學校、帝國大學畢業的程度比美國高，對美國的學位授予很輕視。」〔註11〕

（三）臺灣留日學生在日本有著比較豐厚的社會關係資本。他們在日本

〔註10〕趙永茂：《臺灣地方政治的變遷與特質》，臺北，月旦出版社，1996年，第13頁。

〔註11〕卓遵宏、林秋敏訪問記錄：《林衡道先生訪談錄》，臺北，國史館，1996年10月，第164頁。

留學工作生活多年，極少數人甚至做官多年，他們在日本有許多同學、同事、老師、上司、朋友、姻親等，這些都是可資利用的社會關係資本。這對臺灣政治和近百年的日臺關係都有著相當大的影響。

（四）臺灣留日學生比較深地受到了近現代日本政治文化的影響，而對中國近現代政治文化則知之甚少。日本政治文化因而通過他們影響了臺灣的近現代政治。

廣義的文化包括物質和精神兩個層面上的東西。政治文化也可分為制度體制和思想觀念兩個大的方面。制度體制包括政府制度、政黨制度、選舉制度、官僚選拔制度、輿論監督制度等等；思想觀念包括政治信仰、政治指導方針、政治思潮、治國綱領、建設計劃、官場習氣、官僚作風等等。戰前日本政治文化的主要內容是：在政治制度上，1889 年頒佈資產階級性質的《大日本帝國憲法》，規定日本是個君主立憲國家，在政治體制上是天皇制、政黨內閣、文官官僚體系三者並存的，天皇是國家和民族的象徵，政黨控制國會，作為精英的文官官僚則控制著行政。人民有一定程度的集會結社、遊行示威、著述出版自由，1870 年就開始有爭取民選議會、民定憲法的自由民權運動。在政治觀念上，信奉國家神道〔註12〕、大和魂、實用主義、金權政治、軍國主義等等；有「和魂洋才」「脫亞入歐」等影響深遠的立國建國方針；大量引進社會主義、自由民權、無政府主義、民本主義、法西斯主義等西方近代政治思潮，積極學習歐美先進國家的政治制度和治國路線。官僚則比較守法奉公、負責盡職、廉潔自律、講究行政效率，等等。

戰後日本政治文化的主要內容則是，在美國佔領軍的控制指導下，頒佈《日本國憲法》，在天皇制下建立民主的政黨政治制度，政黨內部則繼續保留戰前的「派閥」林立的傳統，所謂「派閥」就是家族式的政治派系。人民有集會結社、遊行示威、著述出版等自由。在政治觀念上則信奉實用主義、民族主義、民主主義、金權政治等，也保留著一些神權政治的殘餘。

近現代日本政治文化的一些具體內容和特點，以及它們對臺灣留日學生和日據時期臺灣政治的巨大影響，概括介紹如下：

1. 1885 年，日本思想家福澤諭吉提出了著名的「脫亞入歐」觀點。在此

〔註12〕國家神道：日本民族宗教神道教同國家權力相結合，被賦予特權。它宣傳以日本為中心的「神國」思想，稱天皇是「現人神」，是萬世一系的神聖統治者，是軍國主義精神支柱之一，1945 年 12 月被禁止為國教。

方針指導下，日本的政、學兩界熱衷於研究和引進近代西方的各種政治思潮、政治制度。因此，臺灣留日學生也在日本通過日本語言文字接受了近代西方政治思潮，瞭解了立憲政體等近代西方政治制度。

　　日本自十九世紀後半期以來，主要關心歐美各國，但對亞洲鄰國沒有持續性的高度關注。這與明治以來，它希望「脫亞入歐」，吸收歐美技術、制度與學問，而儘量與「野蠻不文明」的亞洲諸國保持距離等基本思想有關。對亞洲各國的關心，主要出發點是因為各國政治上的不安定，或有第三國在政治、軍事、經濟方面介入，使日本殖民地、勢力範圍或安全保障受到威脅。但直到 1995 年，日本的政、學界都不認為亞洲各國在經濟和政治發展上有學習和研究的價值。〔註13〕例如，東京大學法學部有個百年歷史的學會就叫「國家學會」（日本把政治學叫「國家學」），致力於研究西洋政治制度和思想，並將它介紹到日本。西洋國家的外交、戰爭、政治體制和經驗，成為日本政治學的主題。

　　在日本引進或介紹的西方近代政治思潮中，對臺灣留日學生影響深遠的有自由民權、馬列主義、民族自決、民主主義（日本叫民本主義）、無政府主義等。

　　19 世紀末開始，在日本宣傳社會主義的有堺利彥、山川均、荒佃勝三、幸德秋水、片山潛、河上肇等著名人物。例如，山川均主張採取緩和路線，著有《殖民地政策下的臺灣》。1910 年代開始，河上肇就在東京帝大宣傳馬克思主義。他 1907 創辦《日本經濟雜誌》，後來還創辦《社會問題研究》雜誌，宣傳馬克思主義。他著有《資本主義經濟學史的發展》、《第二貧乏物語》、《資本論入門》。1920 年代社會主義思想風靡日本，1926 年社會主義人民黨和日本農工黨相繼成立，日本共產黨也重建。這吸引了許多留日的臺灣學生。〔註14〕1927～1945 年間在日本留學的林衡道回憶說，其父反對他上有馬克思經濟學傳統的京都帝國大學，他才選上仙臺東北帝國大學。但東北帝大也盛行馬克思主義經濟學和「國家論」。早稻田大學也素有「社會主義大本營」之稱。〔註15〕

〔註13〕〔日〕豬口孝：《寫給中文版序》，豬口孝著，賴郁君譯：《日本經濟大國的政治運作》，臺北，月旦出版社 1995 年。

〔註14〕〔日〕升味準之輔著：《日本政治史》，北京，商務印書館，1997 年，第三冊第二章，《社會主義》，第 640 頁。

〔註15〕卓遵宏、林秋敏訪問記錄：《林衡道先生訪談錄》，臺北，國史館，1996 年 10

　　第一次世界大戰結束後的 1918 年 1 月，美國總統威爾遜在巴黎和會上
提出十四條和平原則，倡導民族自決權。民族自身有決定自己命運的權力。
〔註16〕這對身受日本殖民壓迫和歧視的臺灣留日學生影響最大。

　　1910 年代的日本民本主義運動。東京帝大政治學教授吉野作造甚是服膺
西方的民主制度，在 1916 年 1 月的《中央雜誌》上發表《論憲政本質並論其
成功之道》，盛倡民本主義。DEMOCRACY 一詞應譯作「民主主義」，吉野因
顧慮日本的國體是君主立憲制，和主權在民的民主主義不能兩立，所以把它
翻譯成「民本主義」。日本知識分子非常歡迎。1920 年吉野作造和東京商大教
授福田德三合組「黎明會」，鼓吹民本主義。民本主義乃成為日本思想界的主
流，很快地就風行全日本。〔註17〕

　　在上述西方進步思潮影響下，在辛亥革命、五四運動的鼓舞下，在 1919
年愛爾蘭獨立運動和朝鮮「萬歲事件」的刺激下，臺灣留日學生的漢民族意
識覺醒，乃積極進行非暴力的抗日活動。他們組織「應聲會」、「啟發會」、「新
民會」、「東京臺灣青年會」、「文運革新會」、「東寧學會」等民族民主運動團
體。他們積極參加臺灣議會設置請願運動，參與組建「臺灣文化協會」，參與
組建「臺灣民眾黨」和「臺灣地方自治聯盟」。

　　1919 年秋在東京成立的「應聲會」，是林呈祿、蔡培火、彭英華和中國大
陸留日學生馬伯援、吳有容等組織的，但很快消散。比它稍後成立的「啟發
會」，成員有蔡式穀、林呈祿、蔡培火、鄭松筠、羅萬俥、蔡玉麟、謝溪秋、
謝星樓、彭英華、林仲澍、黃呈聰、黃周、吳三連、王金海、黃登洲、呂磐
石、呂靈石、陳昆樹、劉明朝、莊垂勝、林攀龍等，但該會有思想無主義，
也無經費，不久歸於無形。

　　「新民會」於 1920 年 1 月 11 日在東京成立，以林獻堂為會長，吸收了
啟發會的全部成員，另有會員蔡先於、陳全永、李烏棕、林濟川、林石樹、
林朝廷、郭國基、顏春風、吳清水、陳添印、黃成旺、陳福全、王敏川、林
仲輝、施至善、吳蘅秋、蘇維梁、吳鏡庭、蔡珍曜、蔡伯汾、林伯殳、柯文
質、蔡敦曜、陳炘、王江漢、謝春木等。該會宗旨是站在民族自決主義立場

　　　　月，150 頁。

〔註16〕蔡培火：《日據時期臺灣民族運動》，臺北，《臺灣文獻》，第 24 卷 3 期，第 175
　　　　頁。

〔註17〕梁惠錦：《臺灣近代民族運動的背景》，臺北，《臺灣文獻》，第 24 卷 3 期，第
　　　　229 頁。

上，用合法手段謀求臺灣的民權，對臺灣人民進行啓蒙活動。它發起臺灣議會設置請願運動和創辦了《臺灣青年》。後來又有許多臺灣留日學生加入「新民會」，重要的如楊肇嘉、呂阿墉、葉榮鐘、高天成、朱昭陽、黃及時、張梗、陳茂源、陳金能、張大端、陳朝景等。上百名普通會員都是留日學生。爲了替《臺灣青年》拉稿和尋求政治上的支持，留日學生乃積極和日本政、學界的人士接觸，並向其中的有識之士揭發臺灣總督府的苛政。因此，組織議會設置請願運動和創辦《臺灣青年》等重大政治活動，鍛鍊出一大批政治活動家〔註18〕。

　　《臺灣青年》後改名《臺灣》，爲這兩個刊物撰稿和編輯的留日學生有林呈祿、彭英華、羅萬俥、黃朝琴、徐慶祥、吳三連、王敏川、蔡式穀、石煥長、劉明朝、黃呈聰、林仲澍、李瑞雲、陳炘、林濟川、蔡玉麟、蔡敦曜、劉青雲、蔡先於、郭馬西、陳昆樹、顏春芳、蔡珍曜、呂靈石、林仲輝、涂火、林攀龍、林伯㳅、楊維命、蔡伯汾、鄭松筠、謝星樓、周桃源、郭國基、柯文質、張聘三、林萬金、王金海、王江漢、蔡培火等。〔註19〕這些人對日本的政治、經濟、文化等都有比較深的研究。

　　「東京臺灣青年會」，創立於臺灣留日學生寄宿的宿舍「高砂寮」。最早的活動記錄在1920年9月19日，留日學生五百人參加。主要政治活動有：舉行大會聲援遭受總督府壓迫的《臺灣青年》雜誌，要求給臺灣人以日本憲法保障的言論自由；在東京支持臺灣議會設置請願運動；組織文化演講團，利用暑假返臺到各地巡迴演講。其中的代表人物有陳炘、吳三連、羅萬俥、彭英華、呂靈石、謝春木、林仲輝、郭國基、黃周、連震東、溫成龍、莊垂勝、張聘三、游彌堅、蘇維梁、賴遠輝、林九龍、吳春霖等。〔註20〕

　　1927年4月，「東京臺灣青年會」社會科學研究部在「高砂寮」成立，許乃昌、商滿生、高天成、黃宗葵、林朝宗、楊雲萍、周慶豐、曾霖澤、林春木等三十多名留日學生參加，他們和日本共產黨聯繫，研究馬克思主義。該部先後改名爲社會科學研究會和臺灣學術研究會，重要成員後來還有陳來旺、林乙垣、林有財、林兌、蕭來福、黃宗堯、陳銓生、林裳、蘇新、何火炎、李清標、何瑞麟、陳逸松、吳新榮、黃百祿、莊守、郭華洲、鄭昌言等。

〔註18〕吳三連等：《臺灣民族運動史》，臺北，自立晚報社，1990年6月，第82～86頁。
〔註19〕同上書，第548頁。
〔註20〕同上書，第88～94頁。

他們在臺灣共產黨東京特別支部指導下活動，主張通過發動工農群眾的階級鬥爭使臺灣得到解放。1931 年 12 月，林兌、葉秋木、賴通堯、呂江漢、張麗旭等人組織社會問題研究會，研究臺灣的共產主義運動等各種問題。〔註21〕

1930 年前後，不少臺灣留日學生加入日本共產黨指導的日本無產階級文化聯盟。他們是王白淵、林兌、張麗旭、吳坤煌、林衡權、張文環、翁廷森、張水蒼、吳遜龍、謝榮華等，主要進行宣傳活動。〔註22〕

「文運革新會」，1925 年 11 月在東京成立，會員四十多人。該會強烈反對民族壓迫和強權蔑視公理。「為圖臺灣民眾之覺醒……乃集憤慨時弊的同志組織本會。」該會呼籲「破壞！破壞！奴隸養成所的一切學校，為餵肥壓迫民族而建設的製糖會社、鐵道、工廠等，一切的阻礙物應予破壞。現在是著手破壞的好時機，破壞，破壞！破壞啊！由破壞才能夠實現自由平等的新社會。」該會反對和平的議會設置請願運動。由於態度激烈，該會遭到了總督府鎮壓。〔註23〕

「東寧學會」，又稱「留東同鄉會」，1926 年 10 月在東京神田中國青年會館成立，中國大陸和臺灣的留日學生參加。臺灣留日學生有丘琮（丘念臺）、鄭昌英、陳尚文、翁瑞炎、翁瑞國、鄭松筠、蕭秀利等，主要是客家人。表面上以聯誼、砥礪學問為目的，實際上致力於光復臺灣的民族運動。〔註24〕

「臺灣文化協會」，1921 年 10 月 17 日在臺北成立，領袖是蔣渭水和林獻堂，以「助長臺灣文化之發達為目的」，吸收大批留日學生參加。47 名重要成員中有留日學生蔡培火、王敏川、楊肇嘉、林茂生等 20 人。文化協會主要活動是創刊《會報》、設置讀報社、創辦「美臺團」電影放映團，舉辦各種講習會、演講會和夏季學校，對臺灣民眾進行漢民族意識和近代民主主義教育。〔註25〕該會本是一個反抗日本殖民統治的統一戰線組織，內部有社會主義派和民族主義派的對立。1927 年 1 月 3 日，在臺中市召開的臨時大會上，信奉社會主義的王敏川、林碧梧、張信義、莊孟侯、侯朝宗、王萬得等左派青年奪取文化協會領導權，林獻堂、蔡培火等民族主義派退出。「新文

〔註21〕王詩琅譯注：《臺灣社會運動史──文化運動》，臺北縣，稻鄉出版社，1995年 11 月，第 77～95 頁。
〔註22〕王詩琅譯注：《臺灣社會運動史──文化運動》，第 96 頁。
〔註23〕吳三連等：《臺灣民族運動史》，第 95 頁。
〔註24〕吳三連等：《臺灣民族運動史》，第 97 頁。
〔註25〕第六章《臺灣文化協會》，吳三連等著：《臺灣民族運動史》，第 281 頁。

協」主張進行階級鬥爭，「以普及大眾之文化爲主旨，實行本會之綱領決議宣言爲目的，應予實行之綱領如左：一、向上農村文化。二、增進商工智識。三、涵養自治精神。四、獎勵青年求學。五、提倡女權思想運動。……」1932年 12 月，王敏川等新文協中央委員及重要會員十多人被日警逮捕，新文協最後被消滅。〔註 26〕

　　1921 年 1 月開始的臺灣議會設置請願運動，其理論和法律依據都是「大日本帝國乃立憲法治國，今臺灣爲帝國統治之一部分，故在臺灣統治上倘有需要設立特別制度，其範圍亦需根據立憲政治之原則，此乃當然之理。」根據立憲政治原理，立法、行政、司法三權應當分立。所以，林獻堂等請願者向日本帝國議會要求設立民選臺灣議會，分取「六三法」授予臺灣總督府的特別立法權。在第一次請願書上簽署的 178 人，除領銜人林獻堂外，大部分爲東京臺灣留學生。到 1934 年爲止，請願活動共有 15 次，骨幹力量一直是留日學生。其中著名者有蔡培火、林呈祿、林柏壽、黃呈聰、王敏川、鄭松筠、吳三連、蔡式穀、呂靈石、呂磐石、楊肇嘉、邱德金、羅萬俥、葉榮鐘、莊垂勝、丁瑞圖、陳金能、韓石泉、王鍾麟、甘得中、陳炘、陳朔方、陳啓川、黃朝清、楊基先、蔡先於、石煥長、石錫勳、張深鑐、何景寮、郭發等。這場歷時 15 年的聲勢浩大的政治運動，由於日本殖民者的壓迫而以失敗告終。

　　在請願運動期間，爲了取得鬥爭的勝利，留日學生深入學習和研究日本的政治和法律，特別關注日本眾議院議員及地方議會議員選舉，積極和日本朝野政治人物、新聞媒體接觸，勇敢地舉起「自由」、「平等」的旗幟進行示威遊行。〔註 27〕這場民族自覺運動，是臺灣人民首次運用近代政治方式爭取自由，不僅啓發了臺灣人民反抗總督府專制統治的政治意識，而且強化了留日學生對日本政治文化的瞭解。

　　1927 年 7 月 10 日正式成立的「臺灣民眾黨」，是臺灣歷史上第一個合法政黨。領袖人物是蔣渭水、林獻堂，但主體是留日學生蔡式穀、謝春木、蔡培火、王鍾麟、陳炘、羅萬俥、林呈祿、葉榮鐘、簡來成、楊連樹、黃周、黃旺成、彭英華、吳淮水、林攀龍、林履信、劉明哲、何景寮、陳其昌、邱德金、莊垂勝、李友三、王甘棠、楊金虎、蔡炳煌、陳金波等。其綱領「本

〔註 26〕第六章《臺灣文化協會》，同上書，第 337 頁～351 頁。
〔註 27〕第四章《臺灣議會設置運動》，吳三連等著：《臺灣民族運動史》，第 107 頁～199 頁。

黨以確立民本政治，建設合理的經濟組織及改除社會制度之缺陷爲綱領」。所謂民本政治，就是要求立憲政治、反對總督府專制，使立法、司法、行政三權分立，臺灣人享有參政權。1929 年 7 月，日本民政黨內閣成立，「臺灣民眾黨」乃向它提出臺灣政治改革建議書，列舉改革要點如下：臺灣實施完全地方自治制度；尊重言論、出版、集會之自由、准許臺灣人發行日刊新聞；實施義務教育制度；改革司法制度；設置行政裁判所；嚴禁鴉片吸食等等。這些都是日本已有的制度。該黨反對日本侵華政策。1928 年 7 月 26 日召開的中央常委會上，政治部主任王鍾麟提出《對華政策反對聲明》，電告日本各政黨、報社，反對田中內閣破壞中國統一。〔註 28〕1931 年 2 月，該黨被日警取締，蔡少庭、陳天順等 16 個幹部被捕。

「臺灣地方自治聯盟」，1930 年 8 月 17 日在臺中市正式成立，林獻堂被推爲議長，重要幹部也以留日學生爲主：楊肇嘉、蔡培火、林履信、蔡式穀、劉明哲、李瑞雲、李延旭、葉清耀、黃朝清、陳炘、林柏壽、羅萬俥、韓石泉、何景寮、葉榮鐘、高天成、陳朔方、陳茂堤、楊金虎等。該盟以「確立完全地方自治制」爲唯一目標。該盟在臺灣全島 24 個地方舉行政治演講會，演講人也以留日學生爲主，聽眾總共近 2 萬人。在殖民政府高壓下，1936 年 8 月，該盟召開第四次全島大會宣佈解散。〔註 29〕

2. 從明治維新到 1945 年戰敗投降，日本政治文化中始終有一股逆流，這就是歧視、醜化和侵略亞洲鄰國特別是中國的法西斯主義和軍國主義。部分臺灣留日學生也深深地受到了日本法西斯主義、軍國主義和武士道精神的影響。

所謂日本軍國主義，就是在意識形態上把天皇尊爲萬世一系的神，要絕對效忠。把強兵和對外侵略當成基本國策，軍隊控制政府和政黨。其主體就是軍隊和戰爭，其實質就是侵略和擴張。爲了爲侵略戰爭尋找藉口，它鼓吹所謂「大和民族優越論」、「日本至上主義」，宣傳亞洲鄰國爲「外夷野蠻」、「劣等民族」，例如，它說朝鮮「野蠻」，中國人是「清國奴」、「支那人」、「豬仔」等。所謂武士道精神，就是 1882 年 1 月明治天皇頒發的《軍人敕語》對軍人的要求：「忠節、禮儀、武勇、俠義、質素」。1931 年 9 月 18 日日軍發動侵華

〔註 28〕 葉榮鐘著：《日據下臺灣政治社會運動史（上）》，臺北，晨星出版公司 2000 年，第 118 頁。

〔註 29〕 第八章《臺灣地方自治聯盟》，吳三連等：《臺灣民族運動史》，第 445 頁～490 頁。

戰爭以後，法西斯主義和軍國主義在日本的政治文化中逐漸成為主流。
「1936、7 年前後，日本法學界鬧了個很大的問題，軍方已經介入政治，他們
對東京帝大的美濃部達吉教授的憲法課開始打擊，因為美濃部教授認為天皇
是國家的機關之一。東北帝大憲法學教授佐藤丑次郎，主張天皇主體說，謂
天皇是國家的主體，而受到重用。」〔註 30〕因此，這一時期在日本留學的臺
灣青少年，更多地接受了日本法西斯主義、軍國主義和武士道精神的影響。
這一部分臺灣留日學生和他們的前輩有所不同，後來參加「臺獨」活動的比
較多。

　　3. 自明治維新後，日本就有國會眾議院和地方各級議會議員的選舉。這
種選舉文化也影響了臺灣的留日學生。1887 年，日本就起草了國會下院議員
選舉法。地方自治制也與國會同時興建。1888 年公佈市制和町村制。1890 年
公佈府縣制和郡制。郡、縣、町、村、市等各級議會的議員都實行公民直接
選舉。日本的地方自治選舉中賄選成風，對地方上有名望的人和地主資產階
級十分有利。〔註 31〕

　　綜上所述，「臺灣文化協會」、「臺灣民眾黨」和「臺灣地方自治聯盟」等
組織，一直向日本殖民政府爭取臺灣的完全地方自治權力，這些組織中的留
日學生必然要學習和研究日本的政治選舉。

　　1935 年，日本總督府還開始在臺灣舉辦所謂的自治選舉。「臺灣地方自治
聯盟」積極組織人員參加。當選民選州會議員的留日學生：臺北州有黃炎生、
顏欽賢。新竹州有朱盛淇。臺中州有甘得中、林猶龍、林朝槐、劉清井。臺
南州有呂憲發、林江海、廖裕紛。1935 年當選民選市會議員的留日學生：臺
北市有蔡式穀、陳逸松、劉天祿；基隆市有陳漢起、蔡星谷、邱德金；新竹
市有鄭大明、蘇惟梁；臺中市有張風謨、張深鑐、盧茂川、林如梅、王基良；
彰化市有吳恭、杜錫奎、林文章；臺南市有葉廷珪、沈榮、劉子祥、歐清石、
顏春芳；高雄市有楊金虎、陳天道；屏東市則有簡金鐘；等等。〔註 32〕

　　總之，無論在理論上還是在實踐上，臺灣留日學生在日據時期都深受日
本政治選舉文化的影響。

〔註 30〕同前引《林衡道先生訪談錄》，第 153 頁。
〔註 31〕〔日〕升味準之輔著：《日本政治史》，商務印書館 1997，第一冊第四章，《完
　　　　善體制　製定憲法》。
〔註 32〕吳文星：《日據時期臺灣社會領導階層之研究》，臺北，正中書局，1992 年 3
　　　　月初版，第 238 到 239 頁。

4. 明治維新後,日本逐步發展出一套通過嚴格考試選拔任用文官的制度,用來建立專業化、法制化、講效率的官僚體系。這對臺灣留日學生影響很大,他們認爲這是建立近代化國家的標準之一。按照 1887 年文官考試、試用、見習規則,帝國大學、法科大學、文科大學的畢業生,可以不經考試而被任命爲試補(奏任官候補)。經文部大臣批准成立的私立學校的畢業生,須經文官高等考試合格方可出任試補。1893 年廢止上述規則,製定了文官任用令和文官考試規則。1894 年開始日本文官高等試驗行政科考試,但法學部學生在入學時就規定畢業後可以不經考試而直接出任文官。但從 1895 年開始,人人須經過考試。這些專業官僚佔據行政體系中樞。

日據時期,臺灣留日學生學法學人數僅次於學醫者。據臺灣總督府文教局所編《臺灣總督府學事年報》的統計,1906 年到 1942 年度專科以上留日學生,法科約占五分之一。法科畢業生都希望進入司法界或政界,積極參加日本的高等文官考試。整個日據時期,留日學生通過高等文官考試者 100 人。司法科高等文官考試合格的有葉清耀、鄭松筠、蔡式穀、陳增福、賴雨若、呂阿墉、陳茂源、王清佐、蔡先於、白福順、黃演渥、沈榮、李瑞漢、林連宗、吳鴻麒、陳慶華、歐清石等,其中呂阿墉、陳茂源、黃炎生、杜新春、吳文忠等分別在東京各地法院擔任司法官,其餘的任律師。行政科考試合格的有劉明朝、劉茂雲、朱昭陽、周耀星、黃添祿、林德欽、劉萬、林旭屏、黃介騫、林益謙、張水蒼、楊基銓、莊維藩、廖坤福等,分別出任日本和臺灣的官吏。〔註 33〕這些日本殖民時代的精英人物,在戰後卻因不精通中國語言文字、不瞭解中國法律法令而長期鬱鬱不得志。

5. 1945 年二次世界大戰後,日本政治學的主流仍然是研究歐美的議會政治、政治史、政治思想史。學者以歐美民主政治架構來評論日本政治。所以,從 1960 到 1970 年代初,政治學的研究主流是以歐美爲中心的政治或思想史。〔註 34〕在政壇上則出現自民黨一黨獨大,社會黨、公明黨、民社黨、共產黨、新自由俱樂部、社民聯等多黨競爭的政黨政治格局。自民黨內部又分成幾個「派閥」,自民黨的國會議員分屬於不同的「派閥」,「派閥」是分配官職的單位。另外,日本政壇出現了仇視中國的新右翼勢力。戰後日本政治文化主要

〔註33〕 吳文星:《日據時期臺灣社會領導階層之研究》,第 129 頁。
〔註34〕 豬口孝著、賴郁君譯:《日本經濟大國的政治運作》,月旦出版社,1995 年,第 9 頁。

通過李登輝一類掌權的留日學生對臺灣的政治產生了作用。例如，1988 年李登輝當上國民黨主席後，就按照自民黨的模式改造國民黨，允許國民黨內的次級團體「集思會」、「一心會」等發展，導致了國民黨的分裂。

另外，在 19 世紀末到日軍發動侵華戰爭之前，日本還是具有一定的言論、著作、刊行、集會、結社的自由。民間報刊甚至可以和官方報紙相對抗。

綜上所述，在日據時期，臺灣留日學生領導政治運動的目標，就是在民族自決的基礎上實行和日本一樣的政治制度。所以說，這個社會階層深受日本政治文化影響，而對中國近現代政治情況則不太瞭解。在戰後的各種政治活動中，他們常常會比較中日政治文化的優劣，往往傾向於贊同日本的政治文化，這就必然會與中國大陸籍的國民黨官員產生很大的矛盾。

把中日政治文化進行比較的人很多。高雄市議員陳浴沂，慶應大學畢業，在高雄市議會裏，習慣按日本方式的依法辦理，不喜歡中國政府辦事方法。提過三個提案，一是成立工會，建議准許組織工會；二是建議民眾受教育機會要平等，三爲成立夜校。〔註 35〕省議員黃運金把臨時省議會和日據時期的所謂「民意機構」進行比較，認爲臨時省議會在某種程度上還不如日據時期的「民意機構」。他批評說，在臨時省議會受批評的省府官員反而陞官愈快；而在日據時期，日本臺灣總督府的行政機關如果受到「民意機關」的批評，「則其主管或主辦人員不受免職亦必受調動之處分。」〔註 36〕李登輝受日本政治文化影響最深。李光耀說，李登輝是用日本的思考模式和日本人的歷史觀來思考問題。〔註 37〕

關於臺灣留日學生的人數問題。由於資料所限，臺灣留日學生具體人數不可考。根據《臺灣總督府學事年報》的統計，到 1945 年日本投降時，臺灣留日學生將近一萬人，但這個統計數字偏低。1939 年黃朝琴的報告中，列出臺灣留日大專畢業的超過五萬人；戰後，根據楊杏庭的統計，約六萬餘人。〔註 38〕至於其中的女性留日學生，估計超過 1000 人。「1922 年，臺籍女留學

〔註 35〕許雪姬、方惠芳、吳美慧：《高雄市二二八相關人物訪問紀錄》（下），臺北，中研院，1995 年，第 194 頁。

〔註 36〕歐素英編注：《地方自治與選舉——戰後臺灣民主運動史料彙編（五）》，臺北，國史館 2001，第 736 頁。

〔註 37〕杜聖聰：《中共正在看李登輝會否修理幫他造勢的日本右翼》，臺北，《新新聞》1996 年 9 月 15 日。

〔註 38〕吳文星：《日治時期臺灣教育史料及其研究評介》，張炎憲、陳美蓉、黎中光

生僅有 20 人，1941 年達 832 人。」〔註39〕近現代臺灣社會，留學歐美的臺灣青少年不到百人，僅相當於通過司法行政考試的留日學生的人數，總體規模遠遠小於留日學生。留日學生所學專業中，醫學最多，其次是法科、商學、經濟等。這些現代化的專業人才，構成了臺灣社會有力的中產階層，成為社會領導階層的主體。〔註40〕

總之，留日學生這個數量龐大的社會階層，是臺灣社會的精英，影響著現代臺灣社會發展的基本趨勢。

二、研究理論和方法

本文綜合運用社會學的社會階層理論、政治學上的政治文化，以及派系政治理論，對日據時期臺灣留日學生這個社會階層在戰後臺灣政壇上的活動及影響進行了深入研究。

社會學的社會階層理論（Social strata）：凡有相似的社會資源的團體都可以稱為社會階層，不論其共享的社會資源是哪一種。地位團體（Status groups），代表有共同典型生活風格的一群人；生活風格涉及特定的團體副文化與社會榮譽，這些榮譽可能是正面的，也可能是負面的，也就構成了社會地位的基礎。此種生活風格往往又構成了認同、交往與通婚的基礎。〔註41〕

法國當代社會學家布迪厄還提出了文化階級理論：在建構階級與階層過程中，文化同樣起到決定性作用。即教育程度、生活方式、階級慣習、消費模式、興趣愛好等文化因素被視為社會分層的獨立性變量。儘管和身份一樣，財富曾經是，現在仍然是決定社會階級的主要因素，但進入 20 世紀尤其是 20 世紀中後葉以來，決定階級的因素卻變得極為多元化，任何單一因素都已無法作為劃分階級的唯一依據了。為了建構階級，他導入了「資本總量」概念。資本總量是「經濟資本、文化資本以及社會關係資本這些實際可資利用的手段和權力的綜合體。」在這三種資本形態中，布迪厄重點關注的是經濟資本和文化資本。他認為儘管社會關係資本也做出了一定的貢獻，但相對來說僅

編：《臺灣史與臺灣史料》（二）。

〔註39〕《臺灣總督府民政事務成績提要》第 44 篇（1941 年度），第 275 頁。

〔註40〕臺灣省文獻委員會：《臺灣近代史》（政治篇），臺北，1995 年 6 月，第 206 頁。

〔註41〕王振寰、瞿海源主編：《社會學與臺灣社會》，臺北，巨流圖書公司，2002 年，第 192 頁。

對結構起到輔助的作用，不是決定行動者社會地位的決定因素。經濟資本和文化資本在資本總量中所佔比例即資本結構，是反映同一階級內部各不同集團和階層之差異、決定其社會位置的分類指針。〔註42〕

政治學上的政治文化理論：政治學家西德尼・維巴（Sidney Verba）把政治文化定義爲「由得自經驗的信念、表意符號和價值觀組成的體系，這個體系規定了政治行爲所由發生的主觀環境」。所謂政治文化，就是一個民族關於政治系統的信念、象徵、價值，就是人們如何看待政府的合適角色以及政府應如何組織的信念、符號和價值觀，就是一個民族關於政治生活的心理學。政治文化分爲主流文化和亞文化、精英與大眾文化。精英與大眾有著非常不同的政治態度，他們更願意參加投票、組織團體、參與公職競選。向個人灌輸政治系統流行價值的重大機構場所：家庭、學校、夥伴群體、大眾傳媒、政府，其中學校是最重要的。〔註43〕

政治學上的「派系」概念，指的是以二元聯盟（dyadic alliance）爲基本構成單元，爲追求公部門或準公部門資源的取得及分配，所建立起來的一套多重人際網絡。派系的目的是交換恩惠和及時提供所需，其內容由結盟雙方來認定。派系是一種非正式團體。派系的行動與目標具有集體性。派系間的鬥爭法則有無毀滅性、陰狠性、防禦性、平衡性、無意識形態性、唯利是圖性等。〔註44〕

日據時期的留日學生有著共同的社會資源──日本學校教育，或者說有著相同的文化資本，有著崇高的社會地位，都深受日本政治文化影響，因而是一個典型的社會階層。無論在戰前還是戰後，他們在政治上都非常積極，並在政治鬥爭中取得了很大的成功。這跟他們的資本總量雄厚有關。

三、文獻與研究回顧

由於留日學生人數眾多，影響很大，他們的活動遍及政治、經濟、文化

〔註42〕 朱偉鈺：《文化視域中的階級與階層──布迪厄的階級理論》，《社會科學輯刊》，2006 年第 6 期，第 83 頁。馬爾科姆・沃特斯：《現代社會學理論》，北京，華夏出版社，2000 年 2 月。

〔註43〕 邁克爾・羅斯金、羅伯特・科德、詹姆斯・梅代羅斯、沃爾特・瓊斯著、林震、王鋒、范賢睿等譯：《政治科學》，華夏出版社，2001 年 1 月初版，129 頁到 146 頁。

〔註44〕 陳明通：《派系政治與陳儀治臺論》，賴澤涵主編：《臺灣光復初期歷史》，中研院，1993 年，第 223 頁。

各個領域，並且在這些領域起著領導作用。日據時期到現在的臺灣歷史資料和研究專著中，幾乎都有關於他們的材料或論述，加上留日學生自己的回憶錄或口述歷史，真是十分豐富。

現有的關於日據時期留日學生的研究，基本上可以分爲兩大類：第一，對留日學生這個社會階層進行個案研究，第二，把留日學生這個社會階層的全部或其中的某一部分進行整體研究。本文屬於第二類。

第一，1980 年代以來，對臺灣留日學生這個社會群體進行個案研究的臺灣學者比較多，研究成果也比較豐富，其中比較出名的臺灣島內外學者主要有：張炎憲〔註45〕、莊永明〔註46〕、黃富三〔註47〕、許雪姬〔註48〕、蘇進強〔註49〕、應大偉〔註50〕、吉田莊人〔註51〕、施懿琳〔註52〕、李筱峰〔註53〕、施明雄〔註54〕、黃有興〔註55〕、黃天橫〔註56〕、褚塡正〔註57〕、劉少玲〔註58〕

〔註45〕 張炎憲、黎光中、胡慧玲：《永不止息的等待——陳炘遺屬訪問錄》；張炎憲、高淑媛：《一位老臺共的心　路歷程～莊春火訪問記錄》；張炎憲、曾秋美：《一個時代的游俠：劉明——劉心心口述歷史記錄》；張炎憲、陳美蓉、黎中光編：《臺灣史與臺灣史料》；張炎憲：《日據時代臺灣政治社會運動史研究的回顧與展望》，臺北，《思與言》，1985 年 5 月第 23 卷第 1 期。張炎憲：《日治時代臺灣史的研究定位》，《臺灣史田野研究通訊》，1993 年 3 月第 26 期專欄「日治時代臺灣史研究的回顧與展望」。張炎憲：《《前鋒》雜誌創刊號》，《臺灣史料研究》，1997 年，第 10 號。
〔註46〕 莊永明：《臺灣名人小箚 （一）》。
〔註47〕 黃富三、許雪姬等：《口述歷史》第 4 期；黃富三：《「二二八事件處理委員會」與二二八事件》，賴澤涵主編：《臺灣光復初期歷史》，臺北，中研院中山人文社會科學研究所，1993 年 11 月初版。
〔註48〕 許雪姬等：《高雄市二二八相關人物訪問紀錄》（上中下）；許雪姬：《臺灣光復初期的民變：以嘉義三二事件爲例》，同前引賴澤涵主編：《臺灣光復初期歷史》。
〔註49〕 蘇進強：《風骨嶙峋的長者～蔡培火傳》。
〔註50〕 應大偉：《臺灣人檔案（之一）》。
〔註51〕 吉田莊人著、形雲譯：《從人物看臺灣百年史》。
〔註52〕 施懿琳：《吳新榮傳》。
〔註53〕 李筱峰：《近 30 年來臺灣地區大學歷史研究所中有關臺灣史研究成果之分析》，《臺灣風物》第 34 卷 2 期。
〔註54〕 施明雄著：《臺灣人受難史》。
〔註55〕 黃有興：《日據時期臺灣考銓制度略述》，臺北，《臺灣文獻》，第 39 卷第 1 期。
〔註56〕 黃天橫：《日據時期臺灣籍人考中日本高等考試行政科名錄》，《臺灣文獻》，第 44 卷第 2、3 期。
〔註57〕 褚塡正：《林桂端律師二二八受難前在臺事略（1943～～1947)》，《臺北文獻》，2004 年，第 147 期。

等等。上述學者主要的研究對象是一些比較著名的留日學生，例如林茂生、陳炘、黃朝琴、連震東、蔡培火、陳友欽、宋斐如、黃國書、林頂立、吳新榮、張文環、林桂端、陳金波、魏火曜、廖文毅、劉明、朱昭陽、朱江淮等。從日據時期到戰後，這些著名的留日學生所從事的政治活動，涉及日據時期的非暴力抗日民族民主運動、臺灣光復、「二二八事件」、「臺獨」活動、臺灣地方自治選舉等重大政治事件，範圍很廣。臺灣島內外學者關於這些留日學生的研究成果，爲作者的研究提供了豐富的材料和堅實的基礎。但是，上述學者的研究都是以留日學生單個人的政治活動爲主線，主要採用個人傳記的形式來研究留日學生個人一生的政治活動或者在某個政治事件中的活動，因而只見樹木不見森林，無法看出留日學生整個群體在臺灣政治中發揮的巨大作用，更無法瞭解日本政治文化通過這個社會群體對臺灣社會的影響。

　　第二，把留日學生這個社會階層或其中的一部份當成一個整體進行研究，研究他們留學日本的背景原因、家庭出身、學習狀況、專業情況、男女比例等，以及他們與臺灣經濟、科技、教育、美術、音樂、文化、政治等等之間的關係，評估他們對現代臺灣社會的積極貢獻或消極影響。臺灣學者這些研究也爲作者的研究提供了豐富的材料和借鑒。但是，上述研究中以研究日據時期留日學生的政治活動居多，而對留日學生在戰後臺灣政治中的活動研究較少，更沒有去研究日本政治文化是如何通過留日學生這個社會階層影響臺灣政治的。臺灣學者把留日學生這個社會階層或其中的一部分當成整體進行研究的雖然相對較少，但都是些分量比較重的專著，爲後來的研究提供了有關留日學生的重要史料、基本資料等等。這些學者主要有陳三郎〔註 59〕、吳文星〔註 60〕、陳明通〔註 61〕、Claude Geoffroy〔註 62〕、鍾才〔註 63〕、黃英

〔註58〕劉少玲、卞鳳奎譯：《日治時期臺灣人物志》（一）（二），《臺北文獻》，2004年，第 149 期和 150 期。

〔註59〕陳三郎：《日據時期臺灣留日學生之研究》，臺北，政治大學 1981 年碩士論文。

〔註60〕吳文星：《日據時期臺灣社會領導階層之研究》；吳文星：《日治時期臺灣教育史料及其研究評介》；吳文星：《日治時期臺灣的教育與社會流動》，《臺灣文獻》，2000 年，第 51 卷第 2 期。

〔註61〕陳明通：《派系政治與陳儀治臺論》；吳乃德、陳明通：《政權轉移和精英流動：臺灣地方政治精英的歷史形成》，同前引賴澤涵主編：《臺灣光復初期歷史》。

〔註62〕Claude Geoffroy：《臺灣獨立運動——起源及 1945 年以後的發展》，臺北，前衛出版社，1997 年。

〔註63〕鍾才：《戰後臺灣留日學生的獨立建國運動史》，臺北，《臺灣史料研究》，1994年，第 4 號。

哲〔註64〕、何義麟〔註65〕、許芳庭〔註66〕、許維德〔註67〕、王宏仁〔註68〕等。

其中，陳三郎的碩士論文利用《總督府學事年報》、《臺灣學事一覽》、《臺灣教育會雜誌》等資料，將臺灣留日學生的年別、性別、校別、出身地域別做了統計，明確了留日學生的性質、人數和他們對文化的貢獻。但他對參加社會主義社團的留日學生及其社會政治運動沒有研究，也缺乏對留學生的類型、興趣取向、政治活動及事業遭遇的個案分析。

研究留日學生概況的還有吳文星的《日治時期臺灣的教育與社會流動》一文。該文研究了日據時期臺灣留日學生的人數、臺灣青少年留日的背景原因、專業比例、總體規模。該文認為，日據後期，留學返臺的社會精英漸取代只接受臺灣殖民教育的社會精英，而成為社會領導階層主體。他的《日據時期臺灣社會領導階層之研究》專著，搜集了大批留日學生背景、留學狀況等資料，把留日學生劃成日據時期社會領導階層之一，研究了他們與抗日、殖民教育、殖民政治、社會文化變遷、同化政策等重大社會政治活動之間的關係。很顯然，吳文星研究的重點，是留日學生在日據時期的活動，對他們在戰後的政治活動隻字未提。

陳明通研究了戰後初期留日學生的政治派系以及它們和大陸國民黨內各派系的互動關係問題，揭示了戰後初期臺灣政壇派系鬥爭內幕。這只看到了留日學生與大陸籍政客的現實利害衝突，沒有揭示他們之間在政治理論政治觀點上的矛盾，顯然不夠深入。

Claude Geoffroy 的專著、鍾才的論文、以及許維德的論文都是研究留日學生「臺獨」活動的。黃英哲、何義麟研究的是戰後初期留日學生創辦報刊雜誌的文化活動。

王宏仁主要研究了戰後初期留日學生的經濟地位和政治態度，認為失業

〔註64〕 黃英哲：《〈新新〉總目～自創刊號（1945年11月20日）至第二卷第一期（1947年1月5日）》，臺北，《臺灣史料研究》，1995年，第5號。

〔註65〕 何義麟：《戰後初期臺灣報紙之保存現況與史料價值》，《臺灣史料研究》，1996年，第8號。何義麟：《戰後初期臺灣出版事業發展之傳承與移植（1945年～1950）──雜誌目錄初編後之考察》，《臺灣史料研究》，1997年，第10號。

〔註66〕 許芳庭：《戰後初期臺灣婦女團體與婦運議題》，《臺灣史料研究》，2000年，第15號。

〔註67〕 許維德：《發自異域的另類聲響～戰後海外」臺獨」運動相關刊物初探》，《臺灣史料研究》，2001年，第17號。

〔註68〕 王宏仁：《戰後初期（1945～49）臺灣各階級之經濟活動》，《臺灣風物》，1997年，第47卷第1期。

導致了許多留日學生對長官公署不滿。這個結論過於簡單化了。

綜上所述，現有的臺灣留日學生研究只研究了他們單個的或一部分人的政治活動，還不能說明日本政治文化如何影響臺灣政治這一根本的問題。把臺灣留日學生作為一個社會階層，全面地研究他們在戰後臺灣政治上的重大活動、作用和影響，進而揭示日本政治文化在戰後臺灣政治中的重大影響，仍然是個全新的課題。作者不顧自己學識淺陋，對這一空白進行了粗淺的研究，最終形成了本文。

第三節　研究創新和局限

一、研究創新

研究對象創新。現有的關於臺灣留日學生對戰後臺灣政治影響的研究，多從微觀角度出發，側重於對留日學生個體或小部分的活動進行研究。本書首次運用社會階層和政治文化理論將留日學生當成一個整體進行研究。

論文結論的突破。首次把日據時期臺灣留日學生這個社會階層作為一個整體進行研究；首次全面地概括地考查了他們在戰後臺灣政治中所發揮的重大作用。由於有著雄厚的經濟資本和優越的文化資本，留日學生這個社會階層始終非常積極地參加政治活動。在臺灣光復、「二二八事件」、政治選舉、「臺獨」活動、政黨輪替、臺日關係等戰後臺灣所有重大的政治事件和政治運動中，他們都處在臺灣地方勢力的領導地位上。由於他們在留學日本時深受日本政治文化影響，因而，日本政治文化通過他們實現了對戰後臺灣政治的影響。

具體章節的觀點創新：第一章首次研究了留日學生對臺灣接收計劃和實際接收工作的貢獻，揭示了留日學生民族意識高漲與他們留日背景之間的聯繫。第二章首次提出「二二八事件」是留日學生領導的和大陸籍國民黨官僚爭奪臺灣政壇權力的政治運動。第三章首次揭示戰後「臺獨」頭目和骨幹分子背後的日本軍國主義因素。第四章首次宏觀研究 1950 年到 1980 年間留日學生參加的重要選舉，得出了自己的結論：留日學生對選舉的態度深受日本的選舉文化影響；留日學生當選比率高的原因是因為這個社會階層資本總量最大。第五章首次宏觀研究了留日學生這個社會階層對臺灣政黨輪替的影響，揭示了其中受到日本政黨政治文化影響的因素。

從本文的研究中，我們還可以得出這樣一個比較重要的歷史教訓：只有教育、科學、文化的強大，才是真正的強大。在中國大陸的發展中，在推進海峽兩岸的交流中，在推動祖國統一的偉大事業中，我們要首先使自己的教育、科學、文化先進起來強大起來，並使臺灣青少年自願地積極地到祖國大陸接受我們先進的教育，這才是長遠的根本大計。

二、研究局限

數據方面的局限。有關日據時期留日學生的數據可以說汗牛充棟，由於主客觀條件的限制，不能完全搜集，只能搜集到廈門大學圖書館和臺灣研究院圖書室收藏的一些重要數據。缺乏日本各大專學校的同學錄、國民黨政府調查局檔案等重要的第一手資料，缺乏到臺灣等地的田野調查，更缺乏有關留日學生在海外活動情況的日文、英文資料。

作者研究方法和能力的限制。由於臺灣歷史文化研究是個比較陌生的領域，論文涉及的資料太廣泛，有些研究對象十分敏感，作者花費了近三年的時間和精力閱讀基本書目和搜集史料，故對論文的研究理論和方法思考十分不夠，有的地方研究得還不夠深入細緻。在導師林仁川先生多次嚴格認真地和具體地指導下，通過深入學習社會學、政治學理論、日本政治史，作者才基本上克服了這個缺點，但仍對留日學生在戰後的政治活動和態度缺乏一個定量分析研究，缺乏精密性。尤其是還不能夠深挖日本哲學對留日學生世界觀和方法論的影響，未能完全達到導師林仁川先生的希望和要求。主要原因是論文研究的對象太多、容量太大，研究經費和資料受限，而寫作時間也只有三年，等等。在未來的工作和研究過程中，作者會遵照導師的指示，繼續把這個有意義的研究課題加以深化完善。

第一章　臺灣接收前後的留日學生

　　臺灣光復是中華民族的偉大節日。臺灣留日學生謝南光、宋斐如等人認為，臺灣光復不僅是民族革命，也具有社會革命的意義。也就是說臺灣光復不僅是中華民族驅逐日本殖民者的偉大勝利，也給臺灣社會各階級帶來巨大的影響。由於擁有雄厚的經濟資本、文化資本和社會關係資本，在臺灣人所有的社會階層裏，留日學生對抗日和光復臺灣的工作貢獻最大。在中國大陸的臺灣留日學生，領導著臺灣人在大陸的抗日革命團體，宣傳臺灣人民要求回歸祖國的主張和決心，參與國民政府接收臺灣計劃的製定。在臺灣島內的留日學生，則負責維持治安、積極組織起來迎接光復。

第一節　接收前後臺灣留日學生活動概況

　　在臺灣所有社會階層裏，留日學生這個社會階層的資本總量最大，因此活動能量也最大，在臺灣光復前後的所有重大政治活動中起著領導作用。在中國大陸領導臺灣抗日團體的留日學生，如謝南光、李友邦、宋斐如、丘念臺、黃朝琴、游彌堅、連震東、蔡培火等人，都是 1920 年代在日本留學者。他們在日本接受了民本主義、社會主義和民族自決等日本政治文化中進步思潮的影響，因而具有很強的民族意識。這些人參與了國民政府接收臺灣計劃的製定，參與了實際的接收工作。在島內組織民眾歡迎國民政府活動的留日學生，如陳炘、林呈祿、羅萬俥、陳逸松、黃朝清、王金海、林攀龍、杜聰明、葉榮鐘等等，也基本上都是 1920 年代在日本留學者。他們也接受了社會主義、民本主義、民族自決等思潮的影響，並在日據時期參加了反對日本殖

民統治的民族運動。上述兩股進步的政治勢力在臺灣光復後勝利會合。其各項活動概述如下：

一、臺灣留日學生參與臺灣接收工作

在臺灣接收工作中，臺灣留日學生主要做了三大工作：宣傳臺灣光復的偉大意義；參與製定國民政府的臺灣接收計劃；參加了實際的接收工作。

（一）臺灣留日學生宣傳臺灣光復的偉大意義

1943 年的開羅會議之後，國民政府開始準備接收臺灣。在中國大陸參加抗日鬥爭的臺灣留日學生，積極地參與了這項偉大的工作，這主要表現在兩個方面：加強宣傳工作，向國內外宣傳臺灣是中國不可分割的一部份，臺灣要回到祖國懷抱；參與製定國民政府接收臺灣的計劃，提供了許多寶貴意見。這些工作表明了臺灣人民的基本立場和態度，對臺灣回歸祖國意義重大。

留日學生主要依靠臺灣革命同盟會、臺灣義勇隊和國民黨臺灣黨部三大組織完成了上述任務。臺灣革命同盟會 1941 年 2 月 10 日在重慶成立，[註1] 其總會領導核心採用主席委員制。其主要領導謝南光、李友邦、宋斐如三常委都是留日學生。12 個執行委員中郭天乙、謝掙強、林嘯鯤、牛光祖、林海濤，5 個候補執委中的莊澤民、張大江、呂伯鏞，以及監委廖建策，都是留日學生。[註2] 總之，27 位執委、監委、候補執監委中，在資料可考的 24 人中，半數出身日本大專院校，9 人畢業於祖國中上學校，3 人來自臺灣島內學校。[註3] 因此，可以說，該會主要是由臺灣留日學生領導的。

臺灣義勇隊也是由李友邦領導的，1939 年春正式成立，總部設在浙江金華，從事「對敵政治、醫務診療、生產報國、宣慰軍民」的任務。

臺灣留日學生，還擔任了國民黨中央直屬臺灣省黨部的領導工作。1943 年 4 月 1 日，省黨部成立，翁俊明任主任委員，林忠任書記長，執行委員丘念臺、郭天乙、謝東閔、陳邦基、陳棟、楊萬定、廖啓祥。丘念臺負責國民黨中央設立的粵南工作團，該團工作最有成效。郭天乙則負責閩南工作團。

〔註 1〕 李雲漢：《抗戰期間臺灣革命同盟會的組織與活動》，《抗戰與臺灣光復史料輯要》，臺北，第 24 頁。

〔註 2〕 同前引《抗戰與臺灣光復史料輯要》，第 196 頁。

〔註 3〕 呂芳上：《抗戰時期在大陸的臺灣抗日團體及其活動》，《抗戰與臺灣光復史料輯要》，第 3 頁。

臺灣省黨部內設有「臺灣建設設計研究委員會」，劉啓光等擔任研究委員。
〔註4〕1945年8月之後，省黨部改組爲臺灣省執行委員會，李翼中爲主任委
員，委員11人，其中有丘念臺、郭天乙、蔡繼琨、劉兼善、蔡培火等留日
學生。〔註5〕

　　臺灣革命同盟會的宣傳工作做得最好，而其負責人幾乎都是留日學生。
原因是他們擁有優越的文化資本。他們的宣傳形式主要有四種：召開會議、
發表談話和文章，用電臺廣播，創辦報刊雜誌，編發叢書。宣傳的內容主要
爲臺灣光復的意義、臺灣的歷史和現狀、臺灣的地位。

　　1. 通過會議宣傳臺灣光復的意義。會議又分記者招待會和紀念會等。在
重慶召開的記者招待會上，李友邦、林嘯鯤、宋蕉農等人多次向記者報告臺
灣的情況和形勢，呼籲全國人民關注臺灣光復問題。1942年4月5日，臺灣
革命同盟會在重慶舉辦「光復臺灣宣傳大會」，國民黨軍委會政治部、中央秘
書處、立法院、司法院等黨政機構都派代表出席，上千人參加，盛況空前。
這一天被定爲「臺灣日」，是光復臺灣宣傳浪潮的起點。當晚中央電臺播出特
別節目，林嘯鯤等作了專題演講。重慶和福建各大報紙同時刊出「臺灣光復
運動專刊」。留日學生在這些報刊上發表的重要文章，計有：《重慶益世報》
上的宋斐如《臺灣農民的慘痛》、《重慶時事新報》上的李友邦《收復臺灣與
遠東和平》和林海濤《六十年來臺灣抗日血債錄（1874～1939）》、福建《中
央日報》上的謝南光《收復臺灣與保衛祖國》等，都以光復舊物還我河山爲
主旨。〔註6〕

　　當討論戰後臺灣的出路時，美國的《時代》、《生活》、《幸福》等雜誌，
於1942年8月發表名爲《太平洋關係》的長文，把臺灣列爲太平洋防禦帶的
一環，把戰後臺灣列爲國際共管的區域。11月份，該文被重慶《中央日報》
翻譯轉載。爲了批判國際反華勢力的這一謬論，臺灣革命同盟會在1943年4
月17日這一天舉辦「四一七國恥紀念日大會」，發表宣言：堅決反對所謂臺
灣「國際共管」，主張臺灣回歸祖國。該宣言鄭重指出：臺灣土地自古就是中
國領土，臺灣人民百分之九十五以上爲中國人，戰後臺灣一定要回歸祖國。

〔註4〕 黃敦涵編著：《翁俊明烈士編年傳記》，臺北，正中書局，1977年10月，第
　　　　105頁。
〔註5〕 張兆煥：《臺灣省黨務概況》，陳鳴鐘、陳興唐主編：《臺灣光復和光復後五年
　　　　省情》（上），南京出版社1989年，第305頁。
〔註6〕 前引呂芳上：《抗戰時期在大陸的臺灣抗日團體及其活動》，第5頁。

該宣言呼籲全世界有識之士應一致主張臺灣歸還中國。只有這樣，才能眞正地實現世界和平。〔註7〕同年11月28日臺灣革命同盟會第三屆代表大會宣言重複了這一正確的主張。

2. 通過報刊雜誌、叢書等介紹臺灣情況，宣傳留日學生戰後建設臺灣的計劃和主張。報刊有臺灣革命同盟會的《新臺灣》、《臺灣民聲報》，以及臺灣義勇隊的《臺灣先鋒》、《臺灣青年》等。〔註8〕叢書方面，臺灣革命同盟會編印過《臺灣問題言論集》、臺灣新叢書。臺灣省黨部自1943年6月到1945年5月編印的10輯《臺灣問題參考數據》。這其中以《新臺灣》、《臺灣民聲報》最重要，本文重點介紹其內容。

《新臺灣》爲臺灣革命同盟會機關報，1943年4月15日創立，謝南光任主筆，林嘯鯤任主編。其發刊詞提出：爲著建設新臺灣，首先要幹掉日本帝國主義的統治。〔註9〕

1945年4月16日，《臺灣民聲報》半月刊在重慶發行，主編連震東，截至10月7日總共發行10期，〔註10〕主要撰稿人爲連震東、謝掙強、林忠、劉啓光、謝南光等留日學生。該報文章的重要內容之一，就是臺灣留日學生關於收復臺灣的建議。這時，國民政府已於3月核定《臺灣接管計劃綱要》，且相繼擬定教育、警政、金融等分項接管計劃草案，又著手研擬《臺灣省行政長官公署組織大綱》，並於9月4日正式公佈。但是，留日學生對上述計劃和組織大綱仍有不滿之處，他們便借助《臺灣民聲報》繼續發表自己的主張。該報創刊號說，「我們籲請中國的領導們正視臺灣民眾所追求的理想和目標。自從開羅會議以來，臺灣問題已引起相當多的討論以及矚目，然大部分的討論均過分重視關於豐饒的自然資源之研究及調查，而忽略了臺灣人民的特性和想法。」這節文章大聲呼籲要把臺灣人民看作同胞，而非看作敵人。

對於有些人主張戰後臺灣實行軍政、訓政，謝掙強在該報第一期上發表《憲政實施與臺灣》予以批駁，他認爲這是昧於臺灣現實的說法。他希望準備前去接收臺灣的要員們能更進一步研究，並瞭解臺灣的情況及臺灣人民的性格，避免讓臺灣同胞大失所望。謝南光在該報6月份發表的文章則提出：臺灣接收後應執行三種政策目標：（1）在政治上，應立即通過省憲……；（2）

〔註7〕 同上，第7頁。
〔註8〕 同上，第12頁。
〔註9〕 前引李雲漢：《抗戰期間臺灣革命同盟會的組織與活動》，第24頁。
〔註10〕 同前引《抗戰與臺灣光復史料輯要》，第65頁。

在經濟上，實行民生主義，節制資本，平均地權……；（3）在社會上，規定男女平等及民族地位平等，並停止偏見。〔註11〕

　　對於臺灣行政長官公署組織大綱賦予行政長官過大的職權，連震東在該報上發表《臺灣人的政治理想和對做官的觀念》一文提出了十分嚴厲的批評：給人一種有如日本當年「六三法」給予總督過大權限的錯覺。

　　3. 利用廣播電臺對臺灣和日本進行宣傳工作。這項工作也主要由臺灣留日學生負責。謝掙強擔任國民黨中央廣播電臺的臺語廣播員；李友邦指導閩浙地區的「對敵廣播班」；謝南光指導永安地區的廣播宣傳。這些廣播的內容都是分析抗戰形勢，說明日寇必敗的原因，宣傳戰後建設三民主義新臺灣的計劃。

　　臺灣留日學生領導的宣傳活動，促使國民政府和中國人民關注臺灣、研究臺灣，進而收復臺灣，也號召居留中國大陸的臺灣志士積極加入抗張復臺的行列，意義十分重大。

（二）臺灣留日學生參與製定國民政府的臺灣接收計劃

　　1944 年 4 月 17 日，「臺灣調查委員會」在中央設計局內成立，陳儀、沈仲九、王芸生、錢宗起、夏濤聲、周一鶚、葛敬恩等人組成。留日學生林忠、李友邦、丘念臺、謝南光、黃朝琴、游彌堅、謝掙強、連震東、劉啓光、宋斐如等人，先後被邀請參加工作。9 月 25 日，蔣介石批准該會委員名額 11 人，其中有黃朝琴、游彌堅、丘念臺、謝南光、李友邦等 5 人。該委員會起草了《臺灣接管計劃綱要》，翻譯日文的臺灣法令，研究各項接收工作的具體問題。〔註12〕臺灣留日學生的貢獻，主要是搜集臺灣情報和提出他們自己的接收建議。由於臺灣留日學生比較瞭解日本的法律、法令和臺灣的實際情況，因而他們的建議對於接收工作十分重要。

　　1. 搜集臺灣情報和翻譯日本殖民政府製定的臺灣法律、法規。臺灣革命同盟會一成立，就派人瞭解臺灣島內的形勢，搜集太平洋戰爭爆發後臺灣島內的政治、經濟、軍事情報。這是最重要的。除此之外，留日學生還幫助國民政府搜集有關日本和臺灣的文字材料。〔註13〕1944 年 9 月 30 日，黃朝琴致

〔註11〕陳俐甫、夏榮和合譯：《臺灣人民與中國國民黨 1937～1945》，《臺灣風物》第
　　　　40 卷 2 期，第 39 頁。

〔註12〕《臺灣調查委員會卅三年度工作報告》，《臺灣光復和光復後五年省情》（上），
　　　　第 3～11 頁。

〔註13〕《抗戰與臺灣光復史料輯要》，第 212 頁。

函陳儀，專門談搜集臺灣資料的問題。他認爲應到中央大學、復旦大學、中央圖書館、中央銀行經濟研究所、外交部等單位搜集臺灣數據，還要請臺灣黨部、臺灣義勇隊訪問在中國大陸各地的臺灣人獲取資料。〔註14〕

2. 從1941年2月10日臺灣革命同盟會組建到1945年9月4日《臺灣省行政長官公署組織大綱》正式頒佈，在這四年半的時間裏，李友邦、丘念臺、謝南光、黃朝琴、游彌堅、劉啓光、謝掙強、連震東、林忠等，這些臺灣革命同盟會和臺灣調查委員會裏面的留日學生，對國民政府接收臺灣的準備工作提供了大量重要建議，其主要內容可概括如下：

（1）要接收臺灣，國民政府首先要瞭解臺灣的基本情況，瞭解臺灣的特殊性。這是他們在1944年7月13日和21日中央設計局臺灣調查委員會座談會上提出的，對臺灣接收計劃的製定影響甚大。

臺灣的基本情況及其特殊性：首先是臺灣人。臺灣人口有六百五十萬，其中78%是閩南人，客家人占15%，日本人37萬，高山族約15萬。臺灣人民民族思想特別濃厚。「臺灣人受教育的已占95%以上，而且民族意識很強。」〔註15〕臺灣人唯一缺乏的是國民黨的黨化教育、思想教育。其次是臺灣的經濟、政治情況。臺灣離開祖國50年，政治、經濟、建設以及風土習慣和國內相差很遠。臺灣在政治組織、經濟制度、文化教育程度等方面，都超過大陸各省的水平。行政方面，臺灣的人事制度上了軌道，司法制度在民刑事方面尙屬公平。經濟方面，臺灣已達高等工業化的地步；臺灣土地、戶口情況清楚。生活方面，臺灣人的生活有許多地方是良風美俗。〔註16〕

所以，臺灣光復以後，國民政府要注意保留和利用上述好的方面，只革除不合國情的各項弊端。

（2）關於臺灣的建制及治理方式，恢復建省併迅速建立省府、軍警、以及國民黨三青團的領導機構，確定戰後接管臺灣的大政方針，準備收復臺灣的各項工作。

黃朝琴主張：「臺灣是從前的一省，所以收復必須改省，……希臺灣收復以後五六年內，以維持現狀爲目的……原有的總督府，只須名稱的取消，改爲省政府，原來的總督府的機構不予更動，內地各省政府的機關太多，於臺

〔註14〕《臺灣光復和光復後五年省情》（上），第33頁。
〔註15〕《臺灣光復和光復後五年省情》（上），第43頁。
〔註16〕《臺灣調查委員會座談會記錄》，《臺灣光復和光復後五年省情》（上），第14、17、27頁。

灣人不習慣。」謝南光認爲，黃朝琴提出了臺灣同志的共同要求，他還提出，國民黨治理臺灣要「因地制宜」，把國民黨黨綱、總理遺教等和全國各地的具體情況結合起來，製定具體辦法。〔註17〕

1943年6月29日，臺灣革命同盟會向國民政府建議：建立臺灣省政府籌備處及軍管區，準備收復及收復後的復員工作；建立統一領導臺灣革命工作的機構，使黨、政、軍各種工作同時並進。同年9月2日，臺灣革命同盟會致蔣介石《臺灣黨政意見六項函》提出：「一加強臺灣黨務工作配合抗戰。二勝利匪遙應速以籌備臺灣省政府，以統治臺灣之施政方針。三臺灣已開始徵兵數定在42萬，必須暫定名義以資號召。四籌備臺灣青年團區團部。」〔註18〕

（3）臺灣留日學生建議，國民政府應更多地訓練接管臺灣的臺灣人才。他們指出，國民政府應指定訓練機關訓練政工和軍事幹部，以擔任臺灣建省、建軍工作。1943年9月21日，臺灣革命同盟會上函蔣介石，請在福建省省訓團設立「臺灣行政幹部訓練班」，爲臺灣訓練警察、建設幹部、政工幹部。這個訓練班首期一年300人，主要進行三民主義教育，瞭解臺灣的政治、經濟、文化、社會等情況。〔註19〕

（4）臺灣留日學生建議，早給臺灣人民以國民待遇，並還要有些特殊的照顧。在政治上，臺灣人應有參加中央民意機構等權利，在經濟上應受到保護，在文化教育上要特殊對待，在幹部政策上，國民政府應多重用臺灣的人才。「加強臺灣黨務工作配合抗戰。」「臺胞應有參政員之資格。」「釋放臺胞與發還臺人之產業。」「臺灣受過小學教育的三百餘萬，中等教育的有三十萬人，大學及專門教育的五萬人，不能說無人才可用，只在用之得法。臺灣人受日本教育，對於國文素養尚差，故在考試方面，將來應以10年爲期，實行特別考選制度，由考試院劃定爲特別考選區，准予以日文應試，因爲由中學改授國文至大學畢業，需時10年，10年以後，即可撤銷。」〔註20〕「光復後暫準用日文應高等考試，儘量給臺胞工作機會。」〔註21〕

（5）臺灣留日學生建議，國民政府應多向臺灣人民宣傳戰後對臺政策，

〔註17〕《臺灣光復和光復後五年省情》（上），第21頁。
〔註18〕《抗戰與臺灣光復史料輯要》，第219頁。
〔註19〕《抗戰與臺灣光復史料輯要》，第222頁。
〔註20〕《抗戰與臺灣光復史料輯要》，第220頁。
〔註21〕黃朝琴：《朝琴回憶錄》，第168頁。

努力爭取臺灣民心，這實際上是個重要而艱難的工作。謝南光認爲，自抗戰開始到 1944 年 7 月，國民政府並未正式宣佈臺灣收復後的政策。因此，臺灣人也就不明了國民政府的政策，對國民政府的隔膜依然存在。謝掙強認爲，收復臺灣方式不外兩種：日本無條件投降交還；海戰以後，盟軍攻佔。無論用哪種方式收復臺灣，國民政府都要做兩項準備，其中之一就是要派人至臺灣深入宣傳主義，爭取臺灣民心，以防將來世界採取民主方式投票決定臺灣歸屬。

　　上述留日學生關於接管臺灣的建議，直接影響了國民黨接收臺灣的計劃和政策。比如，黃朝琴擴大臺灣首長權力的意見，影響了行政長官公署制度的設立。臺灣史學家林衡道曾經評論說：

> 　　臺灣調查委員會和臺幹班的臺籍人士，如謝南光、李萬居、黃朝琴、連震東、謝東閔、劉啓光等人，……他們對臺灣的認識還停留在『工業日本，農業臺灣』的時代，不知臺灣已經工業化，……而這種錯誤認知更嚴重誤導了中央政府的政策，使得中央政府在接收臺灣時，一切政策都行不通，唯一行得通的是陳儀堅持的統制經濟。〔註22〕

　　這個評價顯然並不公平，謝南光等人對臺灣的認識基本上是正確的，也非常重視臺灣人的利益，只是他們的有些意見並未引起國民黨高層足夠的重視。例如任用臺灣人才問題等。

（三）臺灣留日學生參與實際的接收工作

　　戰後初期，參與臺灣接收工作的臺灣留日學生人數很多。從日本臺灣總督府到最基層的村莊的接收工作，都有臺灣留日學生參加。臺灣留日學生在接收工作中的作用，主要表現在擔任接收官員和接收科技、文化單位兩大方面。下面選擇有代表性的留日學生加以論述：

　　1. 擔任接收官員的臺灣留日學生，主要有黃朝琴、林忠、王民寧、陳漢平、蘇紹文、連震東、游彌堅、林忠、丘念臺、黃國書、劉啓光、林頂立、陳友欽等人。〔註23〕他們的主要工作是擔任翻譯、遣俘安民、接收機關、恢復秩序等等。

　　臺灣接收工作比較迅速順利，與接收官員因懂日語而容易與日俘、日僑

〔註22〕《林衡道先生訪談錄》，第 286 頁。
〔註23〕行政院研究二二八事件小組：《柯遠芬暨彭孟緝回憶錄》，第 33 頁。

溝通有著很大的關係。中國大陸籍的一些重要接收官員如陳儀、柯遠芬、彭孟緝等人也是留日的，但數量遠遠不夠，需要發揮臺灣留日學生的作用。臺灣省行政長官公署與警備總司令部於 1945 年 9 月 28 日在重慶成立前進指揮所，先行赴臺。全所官兵 71 人 10 月 5 日乘飛機到達臺灣松山機場。10 月 8 日，前進指揮所副主任范誦堯和日軍參謀長諫山春樹首次會談，林忠擔任翻譯。〔註 24〕

在遣送日俘工作中，黃國書是臺灣省警備司令部高參室主任兼鐵道管理委員。他奉命整頓混亂的鐵路，僅用兩周時間就使鐵路恢復通車，保障了遣俘工作的順利進行。〔註 25〕蘇紹文任警備總部處長兼桃園新竹防衛司令，負責接受臺北縣日軍的投降。〔註 26〕王民寧對遣俘、安民不遺餘力。陳漢平任高雄港口運輸司令，負責遣返日俘。〔註 27〕林頂立為保密局臺灣站站長兼省警備司令部別動隊司令，負責治安。

在行政接收工作中，擔任州廳（縣處）級以上官員的都是從中國大陸回來的，只有黃朝琴、游彌堅、林忠、連震東四個臺灣留日學生；擔任州廳（縣級）以下行政官員的臺灣留日學生，則為原日本殖民政府的官員，數量比較多。

黃朝琴是外交部駐臺特派員，負責行政長官公署外事活動和接收臺北市政府。游彌堅，1945 年 9 月被財政部任命為臺灣區財政金融特派員，主持財政金融機構的接收事宜。〔註 28〕林忠，由於在大陸時就負責對日本及臺灣廣播，故被任命為接收臺灣全省電臺專員兼臺灣廣播電臺臺長。他編寫了《國語廣播教本》，在電臺播放。〔註 29〕連震東是臺北州接管主任委員，負責接收臺北州。〔註 30〕

州廳級接管主委雖然只有連震東和黃朝琴兩個留日學生，但各州廳機關科室人員和下面的郡守、區長、街長卻有許多臺灣留日學生。以臺北市、臺北州和高雄州為例說明。11 月 1 日，黃朝琴就任臺北市長後，「市府人事以就地取材為原則，除一、二機要人員外，盡量選用省籍優秀幹部，所有基層人

〔註 24〕《臺灣光復和光復後五年省情》（上），第 139 頁。
〔註 25〕臺省文獻委員會：《重修臺灣省通志》，卷八，職官志，第 2 冊第 5 章。
〔註 26〕《中華》，1978 年 1 月，第 507 頁。
〔註 27〕臺北，《傳記文學》，第 60 卷第 4 期，第 99 頁。
〔註 28〕張炎憲等：《臺灣近代名人誌》第 1 冊，第 154 頁。
〔註 29〕《林忠口述記錄》，臺省文獻委員會：《二二八事件文獻補錄》，第 138 頁。
〔註 30〕臺灣省文獻委員會：《重修臺灣省通志》卷八，職官志，第 2 冊，第 494 頁。

員，務使各安其位。」主任秘書吳春潮、秘書楊基銓、交際科長陳翔冰、文書科長陳步青、民政局長黃啓瑞、參事兼財政局長劉萬、工務局長劉亞才等人〔註31〕，都是臺灣留日學生。

臺北州，潘光楷接收七星郡並代理郡守。李梅樹被推舉爲代理三峽街長。陳金波接收宜蘭市並任市長。在高雄州，接管委員會主委謝東閔也大批起用臺灣留日學生。他任命吳海水任鳳山郡守、林石城任屏東郡守、戴炎輝任潮州郡守、孔德興任屏東市長。〔註32〕他們積極地協助謝東閔接收高雄州，順利完成遣送日俘、日僑工作。「陳浴沂，慶應大學畢業，舅舅陳萬被任命爲高雄州主任秘書。謝東閔也想任命陳裕沂爲課長。」〔註33〕

2. 臺灣留日學生接收科技文化單位。去臺灣接收的軍政人員多，而文化、科技人才很少。文化資本雄厚的留日學生，乃積極協助臺灣行政長官公署各主管處室接管醫學、農林、化學、交通、電力、教育等科技、文化單位，保護科學儀器設備，恢復生產、生活和教育秩序。

臺灣青少年留日學醫者，占留日學生總數的五分之二。所以，在醫學方面的接收工作中，臺灣留日學生的力量也最強。見下表：

表 1-1　接收前後臺灣留日學生參與接收和擔任領導的醫療單位

姓　名	籍　貫	留　學　學　校	接收前後擔任院長的醫院
杜聰明	淡水	京都帝大	臺大醫學院
魏炳炎	臺北市	東京帝國大學	嘉義醫院院長
郭章垣	嘉義	慶應大學醫學科	宜蘭醫院院長
李祐吉	南投	熊本醫科大學	臺中醫院院長
顏秋山	臺中	昭和醫學專門學校	臺東醫院院長
吳金鑾	苗栗	九州島帝國大學醫學博士	省立錫口（臺北）療養院院長
蔡錫琴	臺中	慶應大學醫學部畢業	新竹醫院院長
陳萬居	彰化	同主大學醫學解剖博士	澎湖醫院院長

資料來源：劉寧顏總編纂：《重修臺灣省通志》卷八，職官志，第二冊，第五章第一節，省行政長官公署。臺灣省文獻委員會，1993 年 6 月。

〔註31〕前引《朝琴回憶錄》，第 137、138 頁。
〔註32〕許雪姬等：《高雄市二二八相關人物訪問記錄》（下），臺北，中研院近代史所，1995 年，第 161 頁。
〔註33〕許雪姬等：《高雄市二二八相關人物訪問紀錄》（下），第 192 頁。

　　除了上述之外，還有慶應醫學部畢業的陳拱北、1940 年獲得慶應大學醫學博士的王金茂、張善等人參與了醫學方面的接收工作。

　　參與臺灣省行政長官公署農林處接收工作的臺灣留日學生，有徐慶鐘、林國謙、徐水泉、黃溪旺等人。湯雨霖，北海道大學畢業，任農林處養蠶所所長。公署糧食局三個事務所被臺灣留日學生接收並任所長：郭國鈞，東京農業大學畢業，臺北事務所所長。林鴻鳴，愛知縣立安城農林學校畢業，任臺南事務所所長。林嘉雄，東京日本學校畢業，任臺東事務所所長。

　　化工、物理等領域的單位的接收，也基本上都是臺灣留日學生。化學方面：陳尚文、陳發清、劉盛烈、林贊生、林挺生、楊慶豐、楊祖馨、廖學義；地質方面：林朝、顏滄濤、顏滄波；機械方面：胡均發、王超英、黃龍泉；建築方面：劉阿才；物理方面：梁子健；交通方面：吳水柳；電氣方面，楊進順、周克彬、蔡瑞唐、周春傳、蕭炯昌、傅慶騰、陳定國、朱江淮。〔註34〕

　　在教育文化單位的接收中，劉明哲、陳澄波被陳儀聘為臺灣省學產管理委員會委員。該會負責接收和保管與教育有關的財團學校財產。〔註35〕蔡繼琨接收並擔任臺灣省行政長官公署教育處交響樂團團長。杜聰明、林茂生為臺灣大學接收委員。林茂生、陳紹馨、黃得時負責接收臺灣大學文政學部和預科。林茂生兼任「臺灣大學先修班」（專修班）主任，「當時，臺北高等學校、臺北帝大預科、臺北醫專等學校的低年級學生，以及從日本的高等學校歸臺的臺灣人學生，須先進入臺灣大學專修班，研讀兩年，始得正式進入臺灣大學。」〔註36〕洪炎秋、林朝棨、張深切三人負責接收了臺中師範學校。洪炎秋任校長，張深切任教務主任。〔註37〕

　　在中學學校接收方面，吳劍青參與接收基隆中學。〔註38〕林茂生接收淡水中學，並任校長。〔註39〕謝東閔找來林東淦和陳啓清，讓他們分別擔任高

〔註34〕朱江淮：《朱江淮回憶錄》（下），朱江淮文教基金會，2003 年，第 623、624 頁。
〔註35〕同前引《臺灣光復和光復後五年省情》（上），第 369 頁。
〔註36〕林彥卿：《戰後日記～終戰から二二八事件までの臺灣社會》，第 49 頁，出版項遺失。
〔註37〕黃富三、許雪姬等：《口述歷史》第 4 期，臺北，中研院近代史所，第 237 頁。
〔註38〕《臺灣省立基隆高級中學創校 70 週年紀念特刊》，該校出版，1997 年，第 18 頁。
〔註39〕《陳穎奇口述》，行政院研究「二二八事件」小組：《附錄二　重要口述歷史（一）》，1992 年。

雄商業職業學校和高雄中學校長。接收高雄中學的是陳啓清，並任第一任校長。〔註40〕此時高雄中學只有2個臺籍教師，一個是邱金昌，畢業於京都兩洋中學，另一個畢業於日本物理學校。〔註41〕東京美術學校畢業的廖繼春接收了臺南一中，並代理校長。〔註42〕戴明福，廣島師範學校畢業，1945年12月26日奉臺東縣接管委員會之命接收臺東中學，1946年2月後任校長。〔註43〕

臺灣基督長老教會的學校，也是由臺灣留日學生負責接收的。1945年10月4日，臺灣基督長老教會北部大會選派林茂生、杜聰明、廖溫義、陳開明、李超然、鄭蒼國、鄭進丁、李延旭、徐春卿、陳溪圳等爲淡水中學、淡水高等女學校、宮前女學校等三校理事，去辦理接收並經營。後來，臺灣基督長老教會南部大會選劉振芳、盧萬德、蔡愛仁、陳朝景等爲長榮中學校及長榮女中的董事。〔註44〕

文化娛樂方面，陳逸松等人在臺北市組建「臺灣演劇公司」，負責接辦日本人的大世界、國際、臺灣、新世界等多家戲院、電影院，董事長是李萬居，董事有廖文毅、陳逸松等人。羅萬俥負責與日本人交涉上述戲院、電影院的賠償費用，但半年之後，它們被臺灣省黨部收歸黨營。

二、臺灣留日學生組織歡迎國民政府活動和參加三次大典

臺灣回歸祖國的形勢明朗後，臺灣人民都歡迎臺灣光復。爲了表明自己的民族感情和政治態度，臺灣社會的上層則更加主動地參加歡迎國民政府的活動。臺灣留日學生歡迎臺灣光復的活動，分成有組織的和分散的自發的兩大類。前者以陳炘等人的「歡迎國民政府籌備委員會」爲代表，後者則全島各地都有。除了歡迎活動之外，臺灣留日學生還代表臺灣人民參加了光復初的三次大典。

（一）歡迎國民政府籌備委員會及其活動

該會由陳炘在臺北首先發起，在臺中籌辦。1945年9月10日，首次籌備

〔註40〕同前引《高雄市二二八事件相關人物訪問紀錄》（下），第149頁。
〔註41〕同前引《高雄市二二八事件相關人物訪問紀錄》（上），第395頁。
〔註42〕臺北，《傳記文學》，第54卷2期。
〔註43〕《臺東縣史》，第155頁。
〔註44〕黃武東：《黃武東回憶錄——臺灣長老教會發展史》，臺北，前衛出版社，1988年，第158頁。

委員會會議在臺灣信託公司臺中支店召開。常任委員有陳炘、黃朝清、張煥珪、王金海、葉榮鐘、楊景山、莊垂勝、張星建、張聘三等。另外的重要人員還有林烈堂、林階堂、林慶、林湯盤、楊貴、林培英、陳遜章、巫永昌、巫永福、林資彬、林攀龍、林澄坡、林少聰、林根生、郭頂順、陳茂堤、白福順、林垂拱、張煥三、張多芳、黃登洲、黃三木、黃再添、黃棟、吳天賞、張風謨、何永、何赤誠、張深鑐、楊基先、李石樵等等。這些人大多數是日據時期「臺灣民眾黨」和「地方自治聯盟」的成員。林獻堂被推出作象徵性的領導。葉榮鐘被推為總幹事。

　　該會的主要活動，有推行蔣介石提倡的「新生活運動」、組織青年服務隊維持治安、組織歡迎國民政府三大類，而以歡迎活動為主。

　　該會組織的歡迎活動，最廣泛最熱烈最成功，永遠載入中國歷史的史冊。籌備會在各地的委員製造、分發國旗，教民眾練習國歌，先是「卿雲歌」後改之。「臺中火車站建設個歡迎牌樓。」在臺北市的林獻堂、林茂生、廖文毅、謝有用等籌備歡迎之事。〔註45〕高雄市的王清佐等人分發小國旗和教唱國歌，準備迎接國軍。在雲林，謝有用在西螺、虎尾、土庫、北港等地演講，主要是「我們都是漢民族，現在要回到祖國的懷抱」〔註46〕嘉義市歡迎國民政府籌備委員會的主任委員是黃逢時，副主任委員是陳澄波。他們組織了嘉義的歡迎活動。〔註47〕彰化市歡迎委員會主席石錫勳，負責組織本地的歡迎活動。在鹿港，丁瑞彬發起組織籌備會歡迎光復。〔註48〕明治中學畢業的保正施性瑟，帶領民眾上街歡迎光復。〔註49〕高雄市的楊金虎，組織各處的年輕人手持國旗到新濱碼頭迎接國軍。〔註50〕等等。

　　除上述有組織的歡迎活動外，各地留日學生分散的歡迎活動也很多，無法完全統計記述，此處僅舉數例。臺北市的施江南購買許多彩氣球分發給歡迎歡迎陳儀的民眾。〔註51〕曾維成自撰歡迎國軍歌曲，組織群眾到高雄市廣

〔註45〕《謝有用先生訪問紀錄》，《口述歷史》第35期，臺北，中研院近代史所，第183頁。

〔註46〕同前引《高雄市二二八相關人物訪問紀錄》（上），第139頁。

〔註47〕陳朝海：《陳澄波生平簡表》，《臺灣史料研究》，1999年第14期。

〔註48〕吳文星：《鹿港鎮志人物篇》，鹿港鎮公所，2000年6月，第33頁。

〔註49〕吳文星：《鹿港鎮志人物篇》，第5頁。

〔註50〕《高雄市二二八相關人物訪問紀錄》（下），第99頁。

〔註51〕吳文星：《鹿港鎮志》，第96頁。

場歡迎連謀市長。〔註 52〕嘉義北港的許壬子捐建了一座歡迎門，歡迎祖國人員。〔註 53〕

留日學生在各地分散的活動，當然沒有歡迎國民政府籌備委員會的活動有力，但也充分地表達了自己回歸祖國時激動歡快的心情。

歡迎國民政府籌備委員會維護著臺灣的政治秩序，實際上代表著臺灣人民對臺灣光復的基本態度，政治意義是十分明顯的。「在臺灣政治的眞空時期歡迎國民政府籌備會這個民間團體，確也發生一點政治的作用，它雖然沒有一絲權力，但因爲它是過去民族解放運動的領導人物的集團。他們過去的活動，猶鮮明地印在民眾心目中，他們出來主持這個工作，自是順理成章，無人敢予異議。」〔註 54〕

（二）臺灣留日學生代表臺灣人民參加三次大典

光復初期，臺灣人民在政治生活中有三件大事：中華民國政府 1945 年 9 月 9 日在南京舉行的中國戰區受降典禮；10 月 10 日的中華民國國慶節；10 月 25 日中國戰區臺灣省受降典禮。能夠參加這三大政治活動的都是臺灣的代表人物，其中以留日學生爲主。

參加南京受降典禮的臺灣代表是由國民政府指定的。「1945 年 9 月 6 日，蔣介石命何應欽轉告，林獻堂、林呈祿、羅萬俥、陳炘、蔡培火、蘇維梁等六人代表臺灣同胞赴大陸，消息傳來全臺振奮。」這 6 人中僅有林獻堂不是留日學生。

參加「雙十節」籌備工作和出席大會的臺灣代表比較多，但也以留日學生爲主。「臺灣慶祝國慶籌備會」1945 年 10 月 7 日成立，主席團成員是林獻堂、黃朝琴、林茂生、杜聰明、林呈祿、葛敬恩、林文奎。10 月 25 日，坐在受降典禮主席臺上的有林茂生、陳炘、林獻堂、杜聰明、羅萬俥、陳逸松、林呈祿等。這其中林獻堂、林茂生、林呈祿、杜聰明等人爲主席團成員，林茂生爲主席團主席。當日下午在臺北市公會堂舉行六千多人的「臺灣光復慶祝大會」，林獻堂、林茂生、林呈祿、杜聰明爲主席團成員。林茂生爲主席團主席。〔註 55〕

〔註 52〕《高雄市二二八相關人物訪問紀錄》（下），第 159 頁。
〔註 53〕《高總成訪問紀錄》，行政院研究「二二八事件」小組：《附錄二 重要口述歷史（二）》。
〔註 54〕葉榮鐘：《臺灣人物群像》，第 280 頁。
〔註 55〕李筱峰：《林茂生陳炘和他們的時代》，第 132 頁。

從上述三大政治活動中，我們可以看出臺灣民眾的領袖人物：林獻堂、黃朝琴、林茂生、杜聰明、林呈祿、蔡培火、陳炘、羅萬俥、蘇維梁、陳逸松等 10 多人。他們對臺灣光復表現了極大的政治熱情，號召臺灣人民在國民政府領導下努力建設新臺灣。在「雙十」大會上，黃朝琴、林茂生等人發言勸勉全臺同胞要團結一致，在國民政府與陳儀領導下，努力工作，建設三民主義新臺灣。〔註56〕在 10 月 25 日的受降典禮上，林茂生在演講中說，「一、何以必須光復？有失陷也，失陷之因在乎無自覺，無團結，敵人乘間而入，敵人現當在目前窺伺。二、光復之事業已完成否？不然，光復之事業是自今日始，建設協力，光復之最終階段，在乎回覆完全之自由，回覆中國完全之自由，光復尚未成功，同志須當努力。」〔註57〕

三、臺灣留日學生自發維護社會秩序和救援島外臺胞

維護社會秩序和進行社會救濟，需要非常雄厚的政治、經濟實力和社會聲望，要完成這樣一個艱巨的任務，非留日學生這個社會階層莫屬。他們利用在日據時期開展民族民主運動的人員、組織和政治威望，以及自己的財力，出色地完成了這個偉大的任務。

（一）留日學生自發維護社會秩序

1945 年 8 月 15 日到 10 月 5 日之間，即從日本投降到國民黨派軍隊進駐臺灣之前這段時間，臺灣的政治處於真空狀態。資本總量雄厚的留日學生，實際上成了臺灣社會的領導者，在臺灣各地主動組織歡迎國民政府籌備委員會等團體。這些團體維護了社會秩序。

1. 接收前臺灣的社會秩序。

1945 年 8 月 15 日到 10 月 5 日，前進指揮所抵達臺灣的 50 多天中，臺灣出現了政治真空。臺灣社會的安定存在著兩大隱患：一是在臺灣約有 40 萬日軍武力未損，其動向堪憂；二是臺灣人報復日本人、盜竊財物等破壞社會治安的行為。

日本投降後，臺灣人民對警察的干涉管理已經置諸不理，農村甚至有傷害警察的事情發生。〔註58〕還有一些人想主辦過去日本人的廠礦、瓜分財產，

〔註56〕《臺灣省通志稿》卷十，光復志，臺灣省文獻委員會，1973 年，第 31 頁。
〔註57〕《民報》，1945 年 10 月 26 日，二版。
〔註58〕《前進指揮所副主任范誦堯與日諫山春樹參謀長第一次談話記錄》，《臺灣光

毆打日本人。偷竊工礦企業器材、原料的行為，也比較普遍。〔註59〕

「隨著政權轉移，擔任臺灣省主席、副主席的人選傳言接連不斷，再加上國民政府的接收工作遲遲未能順利進行，民眾情緒不安，各地漸有暴動發生。」〔註60〕「然而舊政解紐，新政未孚，當此青黃不接之秋，事在左右為難之際，地方不無蒙昧兄弟，伺隙為非，乘勢逞兇，擾亂社會秩序，侵害個人自由，甚至毀壞公共建築物品，譬如盜伐防風林、保安林，竊取橋梁資材等，層見疊出，日有所聞，此不可長之惡風而堪慨歎之事實也。」例如，彰化當時治安不好，地痞流氓組織奉仕團，橫行鄉里。〔註61〕

2. 留日學生維護治安的團體、活動及效果

留日學生維護社會治安的重大活動有兩項：和前臺灣總督安藤利吉洽談治安問題；在各地組織各種社會團體維持治安。8 月 20 日，林猶龍、藍國城和林獻堂、許丙往訪前總督安藤利吉、參謀長諫山春樹等，查探安藤能否控制軍人行動，是否需要臺人協助等，安藤答以繼續負責維持治安，並希望林獻堂等人協助。〔註62〕

留日學生組建的治安團體很多，比較著名的有歡迎國民政府籌備委員會、「三青團」、臺灣治安維持青年團、義勇糾察隊等幾種。臺灣治安維持青年團，1945 年 8 月 15 日，林獻堂、陳逸松、黃朝生、藍敏等在臺北市建立，主要工作是維持治安。在該團成立過程中，陳招治和陳翠玉兩位女士出力甚多。所有的口號、標語都是由陳招治擬定的。〔註63〕義勇糾察隊，1945 年 10 月 29 日成立，劉明擔任隊長。

歡迎國民政府籌備委員會在臺灣各地都有分支機搆，活動範圍大。1945 年 9 月，它剛成立不久，就發佈了治安通告，派人到城鄉張貼。該通告呼籲各地人民保全公共建築物，不要盜竊毀壞防風林、保安林、橋梁木材等公共建築物品。該通告甚至把治安問題上陞到民族大義的高度，希望臺灣民眾不要無顏面對即將到來的祖國同胞。「況新政府蒞臨在即，倘聞情究辦，不但關

復和光復後五年省情》（上），第 140 頁。
〔註59〕 資源委員會經濟研究室：《臺灣工礦事業考察報告》，《臺灣光復和光復後五年省情》（下），第 9 頁。
〔註60〕 吳新榮：《吳新榮回憶錄》，自立晚報社文化出版部，1991 年，第 190 頁。
〔註61〕 張炎憲等：《臺灣近代名人誌》第 1 冊，第 201～204 頁。
〔註62〕 張炎憲等：《臺灣近代名人誌》第 4 冊，第 66 頁。
〔註63〕 許雪姬等：《藍敏先生訪問紀錄》，臺北，中研院近代史所，1995 年，第 79 頁。

係者難辭其責，即吾省民亦將無顏以見祖國同胞矣。」「願我兄弟顧念先人勳勞，明白光復大義，而今而後，知過必改，棄惡習從良風，庶幾新臺灣建設之成效可期，而大國民之襟度無虧也。」〔註64〕該會還在全島推行蔣介石提倡的「新生活運動」，呼籲各地方的青年知識分子組織青年服務隊，維護地方治安。〔註65〕

義勇糾察隊成立時有隊員 500 人，是臺北市的自治團體。它維持治安、衛生、取締商人阻礙交通、維持車站秩序、搜查隱藏的日人兵器及火藥等。該糾察隊活動範圍在臺北縣市。〔註66〕另外，全省各地也紛紛出現類似的治安自衛隊。中部地區有中部「治安協力會」，由臺中州內的 200 名志願者組成，以鼓吹自衛精神、協助維持地方治安為目的。

「三青團」在臺灣各地的分團都負責維持治安。「於是大家就自動地在各街莊組織了三民主義青年團，自動擔當各地的治安工作。」〔註67〕例如，「三青團」高雄分團，在書記長王清佐的帶領下，宣傳三民主義，維持治安。〔註68〕再如，「三青團」彰化分團強迫解散了當地地痞流氓組織的奉仕團，使地方得到了安寧。〔註69〕

除了以上所述的比較大和知名的治安團體外，全臺各地還有留日學生組織的各類治安小團體。如高雄市，楊金虎組成的促進會。高雄煉油廠的留日學生組織保護廠子的自衛隊，簡奢兌任隊長，楊凱雄、周石為副隊長。簡奢兌是早稻田中學畢業，楊凱雄、周石也是留日學生。〔註70〕在臺南，吳新榮組織的「里門青年同志會」和莊松林組織的「臺南新青年會」等也維護治安。〔註71〕

在全臺各地留日學生和其它勢力的一起努力下，臺灣的大局很平穩。一是日軍沒有發生問題，二是臺灣人民自覺遵守了秩序。「那時大家很高興光復了，要回歸祖國，所以每個人都很守秩序，治安良好，少有小偷。」林衡哲

〔註64〕葉榮鐘：《臺灣人物群像》，第 283 頁。

〔註65〕李筱峰：《林茂生陳炘和他們的時代》，玉山社出版公司，第 140 頁。

〔註66〕劉明口述、陳柔縉整理：《敢說延大畢業的，會被機關槍打頭殼——劉明談二二八後消失的「延平大學」》，《新新聞》，1992 年 3 月 29 到 4 月 4 日。

〔註67〕吳濁流著、林衡哲編：《無花果——臺灣七十年的回想》，前衛出版社，1988年，第 160 頁。

〔註68〕前引《高雄市二二八相關人物訪問紀錄》（下），第 54 頁。

〔註69〕《磺溪老人——石錫勳》，臺北，《八十年代》周刊，1985 年 10 月 3 日。

〔註70〕前引許雪姬等：《高雄市二二八事件相關人物訪談錄》（中），第 14 頁。

〔註71〕前引《吳新榮回憶錄》，第 190 頁。

稱這兩個月是「臺灣治安史上的黃金時代」「臺灣文化上的黃金時代」〔註72〕

（二）臺灣留日學生救援臺灣島外的臺胞

1. 臺灣島外臺胞的困難處境。

戰後，被日軍徵調而滯留在島外的臺灣人約有 30 萬人，其中在日本的 10 多萬，南洋各地有 5 至 6 萬人，大陸各地有 7 萬 5 千人，顛沛流離，亟待救濟，其家人也非常擔憂。1946 年 6 月，滯留日本的臺灣青年和日警發生槍戰，死傷十幾個人，此即「澀谷事件」。該事件說明在日本的臺灣人處境很困難。再如，上海市黨政接收委員會頒發的命令對臺灣人不利，「朝鮮、臺灣人民原在日本統治之下，在我國未有明文承認其為中華民國國民以前，自應暫以敵僑待遇，其財產應視同敵產。」其後，它又公佈朝鮮臺灣人民產業處理辦法，要求朝鮮臺灣人拿出沒有幫助過日寇的證明，才能發還其產業。所以，許多臺胞財產被封，返鄉無望，生活困難。一直到 1946 年 3 月 21 日行政院會議通過處理朝鮮、臺灣公私財產五項原則，臺灣人才享受國民待遇，私產可以發還。

2. 臺灣島內留日學生的救援活動。

在島內，主要是陳炘、林茂生、葉榮鐘、廖文毅等人，積極進行救援活動。他們一面組織社會團體凝聚力量，一面向行政長官公署陳情。10 月 15 日，林獻堂接到東京臺灣同鄉會長高天成來電，謂被日軍徵用的臺灣青年，多數在日本解隊，生活無著，急需救濟。林獻堂隨即召集臺中市內人士成立「臺灣省海外僑胞救援會」，發起募捐。16 日，該會向葛敬恩秘書長籲請設法救援。23 日，羅萬俥、陳炘、黃朝清跟隨林獻堂等去見葛敬恩，再次請長官公署火速救援島外臺胞。

10 月 28 日，省外臺胞送還促進會在臺北市成立，林獻堂任會長，陳炘和林茂生任副會長，廖文毅擔任總務部主任。該會派代表赴日本聯絡解決，並呼籲全島各地以街、莊為單位組織分會。各地分會的有兩項主要任務，一是調查本地滯留島外者的姓名、住址等情況，並迅速郵寄到總會；二是募集救濟金和救濟物資。〔註73〕30 日，林獻堂寫信給外交部特派員黃朝琴，請他「請政府致電駐日聯軍總部，促其分撥專輪或利用日本開向南洋運載日僑船便，

〔註72〕吳濁流著、林衡哲編：《無花果——臺灣七十年的回想》，臺北，前衛出版社，第 242、244 頁。

〔註73〕臺北，《民報》1945 年 10 月 29 日。

將滯日臺胞運回……」

11 月 6 日，《民報》刊登《促進海外難歸臺胞／上呈救援策於長官》的建議。16 日，林茂生在臺灣廣播電臺演講《在日臺胞救濟辦法》。救濟辦法包括：林茂生、張鴻圖、廖文毅三人去日本，設立一個救濟臺胞的總聯絡處，聯絡各地臺胞，編制人名表冊；要和聯合國善後救濟總署和聯軍總司令部聯繫，請他們幫助；設法解決在日臺胞的暫時生活問題；安排歸臺計劃，等等。〔註 74〕

12 月 22 日，林猶龍、林忠、葉榮鐘跟隨林獻堂去見陳儀，但因陳儀開會見面未果。次日，陳儀告訴他們，長官公署已經電告各地政府囑其勿虐待臺胞，待遣送日軍完畢，即接各地臺胞回臺。〔註 75〕

除了上述大團體中留日學生的活動之外，還有些小團體和個人也積極工作。施江南與李瑞漢、吳金鏈、阮朝日等人，在臺北組織「臺灣海外青年復員促進委員會」，將海外臺籍兵接回基隆，再送到醫院救治，並教他們學國語。〔註 76〕時任臺灣通運公司基隆分公司經理丁瑞鋏，兼碼頭貨物裝卸主任，積極協助遣送日僑歸國和海外臺胞返臺事宜。〔註 77〕

3. 日本、中國大陸等地留日學生的救援活動。

在日本、中國大陸等地負責組織臺胞返鄉的，主要是各地的臺灣同鄉會會長，而這些會長基本上都是臺灣留日學生，如高天成、丘念臺、楊肇嘉、吳三連、高玉樹等人。

1945 年 9 月 16 日，高天成、甘文芳等人在東京成立臺灣同鄉會，保護並遣送臺灣同胞返鄉，隨後又成立東京華僑聯合會。〔註 78〕11 月，高玉樹在東京被推為華僑總會會長，辦理僑民自治、護僑和遣送僑胞工作。〔註 79〕

在中國東北地區，臺灣同鄉會負責人基本是原偽滿洲國的官員，也都是留日學生，如郭松根、徐水德、吳金川等。〔註 80〕負責東北地區臺胞回鄉工作的有郭松根、吳三連、張芳燮等人。郭松根，偽滿州國醫師，旅東北臺灣

〔註 74〕臺北，《民報》1945 年 11 月 18 日，一版。
〔註 75〕張炎憲等：《臺灣近代名人誌》第 1 冊，林獻堂。
〔註 76〕吳文星：《鹿港鎮志》，第 96 頁。
〔註 77〕吳文星：《鹿港鎮志人物篇》，第 35 頁。
〔註 78〕林獻堂：《灌園日記》（六），第 72 頁。
〔註 79〕黃富三主持：《臺北市歷屆市長議長口述歷史》，第 18 頁。
〔註 80〕許雪姬等：《日治時期在『滿洲』的臺灣人》，第 232 頁。

人同鄉會負責人。〔註81〕吳三連是天津臺灣同鄉會會長。廣東、海南的臺胞返鄉工作，則是丘念臺負責的。上海則由臺灣重建協會上海分會領導人楊肇嘉負責。〔註82〕平津臺灣同鄉會長洪炎秋，也負責平津地區臺胞遣返工作。〔註83〕在青島，日本聖峰中學畢業的池朝金，組織臺灣人旅青同鄉會，協助同鄉返臺。

　　島外臺灣人的返鄉，有利於臺灣社會的穩定和經濟的恢復發展。在這場浩大的返鄉活動中，臺灣留日學生起到了積極的推動作用。

四、臺灣留日學生掀起創辦社會團體的熱潮

　　如導論中所述，早在日據時期，臺灣留日學生就有創辦社會團體的傳統。這也是日本政治文化影響的結果。從明治維新後期到「大正民主時期」，即19世紀末到1931年以前，日本社會有一定的集會結社和出版的自由。因此，在臺灣留日學生看來，在祖國政府的統治之下，創辦社會團體應該更加自由，因而他們的熱情很高。

　　留日學生創辦的或者以留日學生爲主的團體，按照性質可以分爲三大類：政治團體、文化團體、職業團體。它們都是留日學生關心臺灣建設的活動陣地。因職業團體和本文主題關係較少，這裏不作論述。

（一）留日學生創辦的政治團體

　　戰後，留日學生建立的大小政治團體很多，這裏只論述其中主要的幾個。臺灣政治經濟研究會，1945年9月成立。臺灣建設協進會1945年10月26日在臺北市成立，翌年2月11日改稱臺灣政治研究會。臺灣民眾聯盟，1945年10月30在臺北市創設，1946年1月6日改稱臺灣民眾協會，4月7日再改爲臺灣省政治建設協會。「三青團」臺灣區團的籌建始於國軍上校張士德。1945年9月1日，他和廈門黃市長率士兵等一百人抵臺，隨後就開始在各地建立「三青團」。〔註84〕臺灣重建協會各地支會，1946年上半年在各地籌辦。

　　1. 這些團體成立的背景及宗旨，都是關心臺灣的政治建設。

　　臺灣政治經濟研究會成立的目的，就是研究臺灣的政治經濟。臺灣建設

〔註81〕許雪姬等：《日治時期在『滿州』的臺灣人》，第32頁。
〔註82〕許雪姬：《柯臺山先生訪問紀錄》，第67頁。
〔註83〕《中華》1978年，第三期，第325頁。
〔註84〕《廖德雄先生訪問紀錄》，《口述歷史》第4期，第59頁。

協進會是杜聰明、黃純青、林熊祥發起，他們「乃有感於戰後臺灣一切有關金融、食糧、治安等問題亟待解決與研究者甚多，特發起該組織，廣集民意，協助政府，重建臺灣。」宗旨是「本三民主義之精神，協助政府推行政令」。〔註85〕臺灣省政治建設協會的宗旨，先是「擁護蔣主席、實現三民主義、研究政治經濟社會諸問題、推進新生活運動、協力建設模範新臺灣等。」後改爲「設立黨員養成所或研究機關，而受黨的領導下，協助政府建設臺灣的團體」。〔註86〕

「三青團」本身就是個政治組織，留日學生急於在臺灣組織區團的目的，「爲了防止國軍來臺前日人有破壞行動，要把青年組織起來，監視日軍行動保護國家財產安全。」〔註87〕

2．這些政治團體的領導權，都掌握在留日學生手裏。

臺灣政治經濟研究會會長是陳逸松，主要成員有陳炘、蘇新、王井泉、顏永賢、王白淵等人。臺灣建設協進會會長林獻堂，副會長林熊徵。16名幹事爲陳炘、林茂生、林熊祥、羅萬俥、林呈祿、杜聰明、劉明朝、黃純青、陳逢源、陳逸松、陳啓川、廖文毅、黃朝清、顏春和、蘇維梁、鄭鴻源。〔註88〕正副會長和16名幹事中，只有林獻堂、鄭鴻源、黃純青、陳逢源不是留日學生。

臺灣省政治建設協會主要成員有廖進平、黃朝生、張邦傑、宋斐如、呂伯雄、陳旺成、張信義、劉啓光、鄭明祿、簡吉、蔣渭川、王萬得、潘欽信等。總會骨幹過半數是留日學生，各地分會也是留日學生主導，如臺中分會理事長是巫永昌，林連宗等人爲理事。〔註89〕

「三青團」臺灣區團團長是李友邦，各地分團大權也都掌握在留日學生手裏。臺北分團籌委會主任是陳逸松，主要成員有林日高、潘欽信、蕭來福、王添燈、黃啓瑞、蘇新、王萬得、謝娥等人。新竹分團主任郭紹宗，成員陳旺成等人。嘉義分團成員有陳復志、劉傳來、陳澄波、潘木枝、盧炳欽、王甘棠、許世賢、張振通等人。〔註90〕基隆市分團主任李清波，楊金波、蔡炳

〔註85〕《臺灣省通志稿》卷十，光復志，臺灣省文獻委員會，1952年，第42頁。
〔註86〕蔣渭川:《二二八事件與臺灣省政治建設協會之關係》，臺灣省文獻委員會:《二二八事件文獻續錄》，第535頁。
〔註87〕《陳逸松回憶錄》，臺北，前衛出版社，1994年，第300頁。
〔註88〕同上注。
〔註89〕同上注。
〔註90〕《陳秀英口述》，臺灣省文獻委員會:《二二八事件文獻續錄》，第711頁。

煌、鍾浩東等參加，楊金波任文化部長，蔡炳煌任衛生部長。〔註91〕

臺中分團主任張信義，書記王文輝，總務股長葉榮鐘、股員呂赫若、鍾逸人。〔註92〕林碧梧、石錫勳、莊守、林連宗、巫永福、林朝業、楊逵等都是臺中分團的骨幹。林朝業是員林區隊長，林連宗任第一區隊長。〔註93〕

臺南市分團主要人物是莊垂勝、韓石泉、吳新榮等人。臺南市政府成立之前，莊孟侯、吳新榮等人已開始籌備「三青團」臺南分團，莊孟侯後來任籌備處主任。分團書記蘇寶藏擔任，分團總務股長是黃百祿。〔註94〕

1947 年 1 月成立的高雄分團第一屆幹事會，幹事中包括王清佐、黃聯登、蘇泰山、盧新發、彭清靠、陳啓川等，而以王清佐為幹事長。〔註95〕

屏東分團組織員是葉秋木。〔註96〕花蓮分團主任鄭品聰，主要成員黃福壽、許錫謙等。〔註97〕

臺灣重建協會總會領導人是柯臺山，本在中國大陸抗日，1946 年初回臺灣。在柯臺山的大力活動下，各縣市的留日學生紛紛成立支會籌備會。3 月 23 日召開的臺中支會籌備委會，推舉委員張煥珪、張驀生、黃朝清、蔡先於、林連宗等 30 多人。5 月 3 日成立的嘉義支會，負責人是劉傳來。7 月 18 日成立的臺南支會，韓石泉、劉明哲、莊孟侯、黃百祿等 12 人為籌備委員。〔註98〕

3. 這些政治團體的主要活動和影響。

第一，積極發展組織，籌辦各地分支機構，創辦報紙雜誌，批評監督政府，宣傳自己的政治主張。臺灣建設協進會在短期內即成立新竹、臺中、臺南、高雄各地分會。「三青團」的組織發展最快。這時，國民黨尚未派人員至臺，臺灣的進步分子與熱血青年均參加「三青團」。日據時期的「農民組合」、「工友會」、「臺灣文化協會」等組織的成員，都紛紛加入「三青團」。

〔註91〕《楊金波訪問紀錄》，應大偉：《臺灣人檔案（之一）》，第 54 頁。

〔註92〕林獻堂：《灌園日記》（一），第 69 頁。

〔註93〕《林信貞口述》，臺灣省文獻委員會：《二二八事件文獻輯錄》，第 328 頁。

〔註94〕謝國興：《府城紳士──辛文炳和他的志業》，臺北，南天書局出版社，2000 年，第 109 頁。

〔註95〕前引：《高雄市二二八相關人物訪問紀錄》（下），第 290 頁。

〔註96〕李筱峰：《二二八消失的臺灣精英》，臺北，自立晚報社文化出版部，1990 年，第 272 頁。

〔註97〕《黃福壽訪問紀錄》，行政院研究「二二八事件」小組：《附錄二　重要口述歷史（一）》。

〔註98〕前引《柯臺山先生訪問紀錄》，第 71 頁。

臺灣政治經濟研究會於 1945 年 10 月 25 日創辦《政經報》，由蘇新、王白淵等人任編輯。11 月 25 日該雜誌就猛烈批評行政長官公署的人事政策。「『人事壞了，人事壞了！』失望新政府仍然舉用奸黨，留用日籍官吏。」這些奸黨包括日據時期的官吏、警察、御用紳士、官選協議會員、日本官吏。該雜誌還提出了自己的選用人材的主張。〔註99〕

「三青團」臺灣區團籌備處於 1945 年 11 月 12 日創辦了《臺灣青年》半月刊。「三青團」花蓮分團於 1946 年 6 月創辦《青年周報》，8 月改名為《青年報》，由許錫謙任主編。

臺灣重建協會於 1947 年 3 月 1 日在臺北創辦《重建日報》，由蘇泰楷編輯。

第二，參加各地的接收工作，這主要表現在各地「三青團」分團身上。

陳逸松主持的「三青團」臺北事務所，事實上等於一個地方政府，過問臺北市的各種事務。〔註100〕嘉義分團接收日產的工作最積極。「陳復志以三青團名義，向日產處理委員會副主任兼處理組組長唐智申請撥用青年戲院、青年書店、青年印刷廠、青年餐廳，唐照撥。但拒絕他申請的青年茶室、青年酒家。」〔註101〕各地的「三青團」組織無數的服務團，擅自接管房屋，甚至強行接管臺灣銀行金庫。陳儀派葛敬恩和臺灣省黨部主委李翼中商議解散「三青團」。李翼中怕影響不好，乃電中央團部，速派幹員來臺主持。1945 年 12 月 8 日，「三青團」中央直屬臺灣區團籌備處主任、少將李友邦率臺灣義勇隊返臺。〔註102〕

第三，召開各種會議研究和議論臺灣的經濟政治問題。臺灣政治經濟研究會多次召開座談會，研究臺灣政治經濟問題。〔註103〕1946 年 6 月 1 日，重建協會邀請各界人士在臺北中山堂二樓舉行一場「臺灣經濟建設座談會」，與會人士陳逢源、陳逸松、劉明、徐慶鐘、蕭苑室、朱江淮、顏朝邦

〔註99〕蘇新：《論人事問題》，《政經報》第一卷第三期。
〔註100〕陳逸松：《臺灣光復的時候——陳逸松回憶錄》，《自立晚報》1992 年 11 月 25日。
〔註101〕《唐智口述》，行政院研究二二八事件小組：《附錄二　重要口述歷史（一）》。《李曉芳訪問紀錄》，行政院研究「二二八事件」小組：《附錄二　重要口述歷史（二）》。
〔註102〕王小波：《李友邦與義勇隊初探》，臺北，《臺灣史研究會論文集》第 2 集，第174 頁。
〔註103〕蘇新：《永遠的望鄉》，臺北，時報文化出版公司，1994 年 9 月，第 401 頁。

等，均積極地發表自己的意見。他們一致認爲，臺灣經濟蕭條的癥結在於：戰前臺灣經濟政策是帝國主義的資本主義的，戰後臺灣經濟政策是封建主義的。〔註104〕

第四，組織遊行示威活動。1946年5月4日，該會組織遊行，至長官公署向陳儀抗議。〔註105〕

上述政治團體的活動影響很大，必然會引起長官公署的不滿。例如，「臺灣建設協進會」於1947年「二二八事變」後夭折。〔註106〕「三青團」也於1947年9月被解散。其主任李友邦改任國民黨臺灣省黨部副主任委員，1951年11月18日被國民黨當局以「匪諜罪」逮捕。

（二）臺灣留日學生創辦的科學、文化團體

臺灣光復後，留日學生參加臺灣科學文化建設的熱情高漲，紛紛創辦科學文化團體，團結知識分子的力量，更好地爲科學文化的發展服務。

留日學生創辦的科學、文化團體很多，這裏只論述四個重要的。臺灣省科學振興會，1945年10月26日在臺北市成立，有數百人參加。臺灣文化協進會，1945年10月29日在「臺灣信託會社」召開發起人大會。〔註107〕1946年6月16日在臺北中山堂正式成立。臺灣人文科學會，1945年10月14日在臺北成立。臺灣新生教育會，10月12日在臺北成立。臺灣省科學振興會和臺灣文化協進會規模和影響最大。

1. 三個科學文化團體的宗旨都一樣：爲了發展臺灣的科學文化，用三民主義改造臺灣文化；團結科學文化工作者，爲建設新臺灣服務。

臺灣省科學振興會改組前後的宗旨分別爲：「圖科學技術者團結，研究學術，並協力建設新生臺灣。」「研究科學普及一般科學知識，協助國家振興科學」。臺灣文化協進會是「發揚三民主義，改造精神文化」，「以聯合熱心文化教育之同志及團體協助政府宣揚三民主義、傳播民主思想、改造臺灣文化、推行國語國文爲宗旨」〔註108〕日據時期，臺灣人文科學研究深受日本殖民政

〔註104〕《柯臺山先生訪問紀錄》，第71～72頁。
〔註105〕應大偉：《臺灣人檔案（之一）》，第23頁。
〔註106〕許雪姬：《二二八事件中的林獻堂》，20世紀臺灣歷史與人物學術討論會論文，2001年10月23、24日召開，第11～12頁。
〔註107〕臺北，《民報》1945年10月30日，一版。
〔註108〕臺北，《臺灣文化》第一卷第一期，1946年9月15日，《本會記錄》。

府壓迫。〔註109〕光復初，人文科學工作者乃積極創辦臺灣人文科學會。該會「以圖臺灣人文科學的發展，以學術之理論與實踐貢獻新臺灣之建設為宗旨。」工作重點是：「研究編輯臺灣史；調查臺灣語問題；謀與祖國之學術團體聯絡。」

　　臺灣新生教育會，是為了團結教育工作者，貫徹三民主義教育。工作大綱是：普及三民主義；熟悉國語；研究國文、國史之教授；草擬《過渡期臺灣教育臨時辦法大綱》，建議省政府採納實施。〔註110〕

　　2. 這些科學文化團體得到了官方的支持，但其領導人和骨幹成員都是留日學生。

　　臺灣省科學振興會成立時，前進指揮所官員蘇紹文、福建省政府顧問黃澄淵、林獻堂、黃純青等參加。杜聰明為會長，王超英、施江南為副會長，顏朝邦為總幹事，其它委員幾十名。該會的基礎是 1930 年 10 月成立的臺灣理工學會。會長是杜聰明，朱江淮等為理事，會員為各大專院校畢業生，大都為留學日本返臺的理工科及醫科的人士。

　　臺灣文化協進會理事長游彌堅，常務理事吳克剛、陳兼善、林呈祿、黃啓瑞。理事 16 名——林獻堂、林茂生、羅萬俥、范壽康、劉克明、林紫貴、邵衝霄、楊雲萍、陳逸松、陳紹馨、徐春卿、林忠、連震東、許乃昌、王白淵、蘇新。總幹事許乃昌、總務主任沈相成、教育主任王白淵、宣傳主任蘇新、研究主任陳紹馨、編輯主任楊雲萍。

　　臺灣人文科學會委員長林茂生，骨幹成員楊雲萍、石朝桂、黃得時、吳守禮、陳紹馨等為會員。

　　臺灣新生教育會成立時，前進指揮所官員林忠，以及林茂生、劉克明等人應邀參加。會上選舉杜聰明為會長，副會長為潘貫、葉士蚪。

　　3. 這些文化團體的工作及其特點。

　　第一，建立分支機構，吸收會員。臺灣省科學振興會建立臺中、臺南、屏東、花蓮四個分會，公開接受科技工作者前來登記。凡大學、專門學校、中等學校畢業生或熟練工，都可登記。除了當時在臺科技人員外，很多留日學生歸臺，突然增加許多新會員。最先加入的是徐慶鐘為會長的「農業同志會」600 餘人，其次是在日本組成的「在日理工學會」433 人，隨後加入者「臺

〔註109〕臺北，《民報》，1945 年 10 月 15 日，11 月 13 日。
〔註110〕臺北，《民報》，1945 年 10 月 13 日。

灣技術人會」。結果，登記的臺灣省科學振興會會員很多，理工部 1567 人，醫藥部 408 人，農林部 2835 人。〔註111〕臺灣人文科學會等團體也積極募集會員。

第二，舉辦演講會。1945 年 11 月 18 日，臺灣文化協進會籌備會在臺北劇場舉辦首場演講會，林茂生、陳逢源、廖文毅任主講。〔註112〕11 月 18 日，該會籌備會在臺北劇場舉行首次演講會，林茂生、廖文毅、陳逢源擔任主講。林茂生講題《臺灣文化之革命》。臺灣文化協進會會員黃朝琴、游彌堅、劉啓光、連震東等人在全島巡迴演講，主題是日本殖民統治的奴化教育問題，希望臺灣人民不要受奴化教育污染。〔註113〕

第三，創辦機關刊物，宣傳和貫徹本團體的主張。臺灣文化協進會有兩種雜誌：一是《內外要聞》，翻譯國內外重要新聞，對象是不懂中文的青年學生，1946 年 11 月 11 日創刊。另一種是 1946 年 9 月 15 日創刊的《臺灣文化》，內容有文學、社會科學和區域研究。該刊於 1946 年 11 月 1 日出版「紀念魯迅逝世十週年」專刊。〔註114〕

第四，創辦教育機構，教育臺灣人民。臺灣省科學振興會創辦延平學院。該會的劉明、林獻堂、楊肇嘉、蔡培火、杜聰明、吳三連、丘念臺、游彌堅、黃朝琴、朱江淮、林子畏、王民寧、周延壽、朱朝陽、宋進英、顏滄海、賴森林、陳友諒等，組織「實行委員會」。它與臺灣商工學校、開南商業學校、開南工業學校協商。最後，三方決定由周延壽出面向長官公署教育處申請，由他接收三校並任校長。

1946 年 9 月，延平學院開始招生。它是半工半讀的夜校，設經濟、法律兩科。借用商工學校教室上課。教師有留日學生李登輝、邱永漢、洪遜欣、謝國城、吳金川、高湯盤、曹欽源等。校董是林獻堂、朱昭陽、蔡培火、楊肇嘉、杜聰明、丘念臺、吳三連等，董事長林獻堂。校長朱昭陽，東京帝國大學畢業，高等文官考試及格，日本專賣局總局主計課長，高等官二級，日據時臺灣人出任行政官的最高峰。〔註115〕副校長宋進英。〔註116〕

〔註111〕朱江淮：《朱江淮回憶錄》（下），第 618 頁。
〔註112〕臺北，《民報》1945 年 11 月 19 日，二版。
〔註113〕吳濁流：《臺灣連翹》，前衛出版社，1988 年，第 196 頁。
〔註114〕張炎憲等：《臺灣近代名人誌》第 1 冊，第 222 頁。
〔註115〕朱江淮：《朱江淮回憶錄》（下），第 669～671 頁。
〔註116〕李清如：《二二八受難平反延平復校有希望》，《新新聞》1998 年 6 月 7 日～

臺灣科學文化團體幾乎包容了全部臺灣知識分子的精華。例如臺灣文化協會的發起人就有林茂生、陳炘、游彌堅、吳克剛、范壽康、徐春卿、李萬居、李純青、劉克明、林熊徵、林熊祥、羅萬俥、林呈祿、廖文毅、陳逢源、張聘三、陳逸松、蘇維梁、劉明朝、李讚生、吳成、孫萬枝等。他們的工作熱情十分高漲，工作特點是去日本殖民地化，加強中國化和強調科學化。

五、臺灣留日學生與戰後初期的臺灣輿論

光復之初，留日學生創辦報刊雜誌的積極性，與創辦社會團體的一樣高，其思想根源仍然在於日本的政治文化。如導論中所述，19 世紀末到 1931 年日軍發動侵華戰爭之前，日本有一定的言論、著作、刊行等等自由。民間報刊甚至可以和官方報刊相對抗。對中國大陸政治現實不甚瞭解的留日學生當然會認為，在祖國政府的統治下，言論出版自然而然應該更加自由更加開放。

（一）臺灣留日學生掌握的報紙

臺灣光復後，日據時期的出版特許和檢查制度取消，代之以登記制度。民間因新獲言論自由，激發對政治和社會文化的參與，民營報紙紛紛設立。創辦民營報紙的主要力量，就是經濟資本和文化資本都強大的留日學生。

表 1-2　1947 年 3 月以前的臺灣的報紙

報 刊 名 稱	發行機關或人	地　點	社　長	主　持　人	創刊日
民報	吳春霖	臺北	林茂生	陳旺成	1945.10.10
興臺新報	興臺新報社	臺南	沈瑞慶		1945.10.22
臺灣新生報	公署宣傳委員會	臺北	李萬居	阮朝日，吳金煉	1945.10.25
光復新報	光復新報社	屏東市	曾國雄	黃金殿	1945.11
藝華	黃宗葵	臺北			1945.11
鯤身報三日刊	該報社	臺南市	高懷清		1945.12.1
人民導報	鄭明祿	臺北	宋斐如	王添燈	1946.1.1
民聲報	該報社	臺中	許庚南	徐滄州	1946.1.1
東臺日報	該報社	花蓮	陳篤光	吳萬恭	1946.2.1
工商經濟新報	該報社	臺南市	汪文取		1946.2.15
中華日報	國民黨中宣部	臺南	盧冠群		1946.2.21

13 日。

臺灣經濟日報	該報社	臺北	謝漢儒		1946.3.1
大明報（晚報）	該報社，艾璐生	臺北	林子畏	鄧進益等	1946.5
中華民報	卓輝	臺中市			1945.11
國是日報（晚報）	省黨部宣傳處	臺北市	林紫貴		1946.5.1
工商日報	該報社	臺北市	林夢林	張燊	1946.5.1
和平日報（臺灣版）原掃蕩報	國防部宣傳處	臺中	李上根	黃少谷	1946.5.5
臺灣日報	該報社	臺中	張兆煥		1946.6
大同日報	該報社	臺北	任先志		1946.6
國聲報	該報社	高雄	王天賞		1946.6
自強報	駐臺中的 70 軍	基隆	周莊伯	顧培根	1946.8.6
自由日報（晚報）	該報社	臺中	陳茂林	黃悟塵	1946.12.1
國聲日報		臺北	湯秉衡		1946.9
自由報		臺北			1946.9
新竹新報		新竹市			1946 年底
民力報		臺南縣			1946 年底
雄聲報		高雄市			1946 年底
臺聲報		花蓮市			1946 年底
澎湖民報		澎湖縣			1946 年底
中外日報	該報社	臺北	林宗賢	鄭文蔚	1947.2.1
重建日報	重建協會	臺北	柯臺山	蘇泰楷	1947.3.1
國民新報		臺中			

資料來源，洪桂己：《臺灣報業史的研究》，臺北市文獻委員會，1968 年，108 到 109 頁。

　　上表中所列的報紙，影響最大的是官報《臺灣新生報》和民間的《民報》，而這兩大報紙的編輯大權都掌握在臺灣留日學生手裏。

　　日本投降後，《臺灣新報》有兩個月的過渡期，大部分日籍職員去職，留下臺籍職員支撐著。10 月 10 日，該報慶祝專刊發行了漢文版。10 月 24 日，陳儀上任，才派李萬居接收該報社，改名《臺灣新生報》。此後，該報分中、日文兩版，王白淵任編譯部主任，總編輯是吳金鍊，總經理則是阮朝日。主要人物林呈祿退為顧問。〔註117〕吳金鍊，原《興南新聞》政治部次長兼論說委員，《臺灣新報》編輯，光復後任《臺灣新生報》日文版總編輯。

〔註117〕張炎憲等：《臺灣近代名人誌》第 1 冊，第 80 頁。

該報日文版人員為原《臺灣新報》留用人員，中文版人員則新進的多，薪水高一倍，新舊人員相互有隔閡。日文版更多地批判時政及揭露社會上的不公平現象。〔註118〕

《民報》則完全掌握在留日學生的手中。社長林茂生，總編輯許乃昌，總主筆陳旺成。其它主要人員也是前《興南新聞》社中的留日學生。

林茂生辦報動機，「我致力於利用《民報》，做為教育大陸人的一個方法，但徒勞無功。他們不但拒絕接受我們正確角度的建設意見，而且還以負面的、仇視的態度，響應這些有事實根據的公平的評論，好像他們被蛇咬到一般。」〔註119〕在他的編輯方針指引下，該報成為臺灣人民利益的代言人，使《臺灣新生報》的發行量由 17 萬份下降到 5 萬 6 千份甚或三分之一而已。〔註120〕它的銷路為各民營報紙之冠。〔註121〕

另一個有影響的報紙《人民導報》，也是掌握在留日學生手中的。它的出資者是和蔣時欽、王白淵、呂赫若都很熟悉的藍敏。〔註122〕1945 年 12 月中旬，蘇新、宋斐如、白克、馬銳籌、夏邦俊、鄭明祿、謝爽秋等人創辦《人民導報》，宋斐如為社長，蘇新為總編輯。〔註123〕《人民導報》另一主要撰稿人是陳文彬，東京法政大學哲學系畢業。〔註124〕

除了上述幾大報紙外，其它報紙中也大量雇用留日學生。如《和平日報》社主任廖朝鐻，中央大學畢業；〔註125〕嘉義分社社長鍾逸人，留學東京外語學校；東石分局長張榮宗，日本大學畢業。〔註126〕高雄市的《臺灣新報》南部分社，是陳天階和謝有用負責接收的，隨後陳天階任主任，謝有用任記者。陳天階，中央大學畢業，曾做過市長黃仲圖的秘書。高雄市獨立經營的

〔註118〕李筱峰：《二二八消失的臺灣精英》，第 145 頁。

〔註119〕林宗義：《林茂生與二二八》，陳芳明編：《二二八事件學術論文集》，前衛出版社，1989 年。

〔註120〕George Kerr 原作，陳榮成譯：《被出賣的臺灣》，臺北，前衛出版社，1991年，第 215 頁。

〔註121〕陳國祥、祝萍：《臺灣報業演進 40 年》28 頁，自立晚報 1987.10。吳濁流：《臺灣連翹》，第 173 頁。

〔註122〕許雪姬：《藍敏先生訪問紀錄》，第 81 頁。

〔註123〕蘇新著：《未歸的臺共鬥魂——蘇新自傳與文集》，時報文化出版社，1993 年，第 63 頁。

〔註124〕同上，第 23 頁。

〔註125〕《高雄市二二八相關人物訪問紀錄》（上），第 156 頁。

〔註126〕《張秋梧訪問記錄》，行政院研究「二二八事件」小組：《附錄二　重要口述歷史（二）》。

有首任市長連謀辦的《國聲報》，不久連謀離職去南洋，乃由王天賞接任社長。〔註 127〕

留日學生掌握輿論大權的另一個途徑，就是參與和領導新聞行業公會。臺灣省記者公會 1946 年 4 月 20 日成立，理事有：葉明勳、宋斐如、林茂生、陳旺成、蘇新、許乃昌、盧冠群、林紫貴、李萬居、孫萬枝、王白淵、黃得時、白克、王煥鼎、謝爽秋、王正、馬銳籌等；監事，吳春霖、黎烈文、林忠、楊雅堂、林炳康等人。〔註 128〕這 22 個理、監事中就有留日學生宋斐如等 12 人，占半數以上。

各縣市記者公會權力也掌握在留日學生手中。基隆市新聞記者公會由李瑞標發起組織，並由他自認理事長。李瑞標，1917 年生，近畿大學畢業。1947 年 1 月 6 日成立的高雄市記者公會，理事陳明春（民報分社主任）、邱金山（新生報）、廖朝鏘（和平）、王天賞（國聲報）、黃光軍（光復新報）、陳查（國聲報）、張添財（興臺日報）。監事周生必、顏阿參、李言。理事長王天賞、常務理事廖朝鏘、張添財，常務監事李言。〔註 129〕

（二）留日學生創辦或編輯的雜誌

戰後，臺灣知識分子「建設三民主義的新臺灣」熱情最高，紛紛創辦刊物表達自己的政見，其中的主力仍然是留日學生。

表 1-3　留日學生創辦或編輯的雜誌

雜誌名稱	發行人（地）	編　　輯	創刊日期	備　註
《一陽周報》	楊逵	楊逵	1945.8	運動刊物
《人民公報》	臺灣人民協會	謝雪紅	1945.8	運動刊物
《臺灣民主評論》	臺北		1945.10.1	
《前鋒》月刊	臺灣留學國內學友會，理事長廖文毅	廖文毅、林金波等	1945.10.25	
《政經報》半月刊	政治經濟研究會	陳逸松、蘇新、王白淵、顏永賢、胡錦榮	1945.10.25	
《民生》旬刊	謝增德、謝金俊		1945.10.25	

〔註 127〕《高雄市二二八相關人物訪問紀錄》（下），第 138 頁。

〔註 128〕臺北，《民報》，1946 年 4 月 21 日二版。

〔註 129〕《民報》，1947 年 1 月 13 日。

《時潮》		吳漫沙	1945.10.25	
《新青年》半月刊	郭啟賢	方慶清	1945.10	
大同	鍾龍雲，臺北	劉文碩	1945.11.12	
《新風》月刊	王清焜、吳漫沙	王清焜	1945.11.15	共出 2 期
《臺灣青年》半月刊	三青團臺灣區團籌備處，李友邦		1945.11.12	共出 10 期
《新新》月刊	吳享霖，新竹	黃金穗	1945.11.20	共出 8 期
《現代周刊》	長官公署宣傳委員會	吳克剛	1945.12.10	
《臺灣月刊》	上海臺灣革新協會	王鍾麟	1946.1	
《臺灣雜誌》月刊	臺北文化運動委員會	林知命	1946.1	
《中華》月刊	陳國柱	龍瑛宗	1946.1.20	共出 2 期
《臺灣畫報》	國民黨臺灣省黨部	藍蔭鼎、林紫貴	1946.1.30	
《新臺灣周刊》	省黨部	林紫貴	1946.2	
《青年周報》	花蓮三青團	許錫謙	1946.6	
《臺灣之聲》	臺灣廣播電臺	林忠	1946.6.1	
臺灣評論	臺灣評論雜誌社	李純青	1946.7	
《自由報》周刊	王添燈	蔡慶榮	1946.8	
臺灣文化	臺灣文化協進會	游彌堅	1946.9	
大公經濟特報	大公企業	陳炘	1946.10.22	
內外要聞	臺灣文化協進會		1946.11.11	
臺灣海員	社長吳國信	林衡道	1946.12	
文化交流	楊逵		1947.1	
臺灣雜誌	連震東		1947.1.1	

資料來源：莊惠惇：《戰後初期臺灣的雜誌文化》，《臺灣風物》，第 49 卷第 1 期。何
　　　　義麟：《戰後初期臺灣出版事業發展之傳承與移植 1945～1950》，《臺灣史
　　　　料研究》，第 10 期，1997 年 12 月。

　　這些留日學生創辦或編輯的雜誌，其內容的基本特點和報紙一樣，即「創
造新文化」、「去日本化」、實行「中國化」。〔註 130〕所謂中國化，例如《大同》

雜誌邀請林茂生、黃得時、陳澄波等人撰稿。雜誌內容大多以漢詩對聯爲主。

〔註 131〕

六、留日學生領導的政治派系

　　如上所述，在接收過程中，在創辦社團和報刊雜誌的熱潮中，從中國大陸來的政治勢力和臺灣本土政治勢力迅速結合重組。臺灣政壇形成了許多全省性的政治派系：國民黨中央的派系、陳儀的班底派系、以及臺灣本土派系。其中，臺灣本土派系基本上都是由留日學生領導的。本文只論述和留日學生有關的臺灣本土派系。

　　臺灣本土派系分成三大派：半山派、臺中派和阿海派，下面又分成更小的派系。半山派有 8 個小派系：游彌堅系、黃朝琴系、劉啓光系、李萬居系、連震東系、王民寧系、李友邦系、客家系。可以看出，8 個派系有 7 個掌握在留日學生手裏，另外一個是李萬居領導。而李萬居系的主要力量也是留日學生，例如，臺灣光復會是李系的勢力之一，1946 年成立，李萬居任會長，留日學生陳棋升、林界、陳浴沂任副會長。可見，戰後臺灣政壇本省籍的政治勢力，基本上都在留日學生的領導之下。

表 1-4　光復初臺灣留日學生所領導的政治派系

繫屬名稱	主 要 結 合 本 省 勢 力 對 象	擁有勢力範圍
1 游彌堅系	黃啓瑞、周延壽、黃介騫、蔡培火、林挺生、蘇維梁、許乃昌、黃華、劉明、蘇新、呂赫若、孫萬枝、鄭水源、駱水源、藍蔭鼎等	臺北市議會及部分人民團體
2 劉啓光系	林湯盤、劉傳來、陳逢源、尤明哲、黃宗焜、郭秋煌、黃堯、何義、劉朝四、陳皆興、黃及時、莊泗川、何傳、張聰明等	省議會及華南銀行
3 黃朝琴系	賴森林、劉闊才、黃運金、王開運、王雲龍、陳文石、梁許春菊、黃逢平、陳啓清、林水土、李仙子、陳有輝、許金德等	省議會及第一銀行
4 李萬居系	郭雨新、蔡水勝、許振緒、吳開關、陳玉亭、陳益勝等	臺北市議會及公論報
5 王民寧系	林宗賢、林子畏、陳炳俊等	臺北縣政府

月，第 73 頁。
〔註 131〕前引莊惠惇：《戰後初期臺灣的雜誌文化》，第 56 頁。

6 連震東系	張暮年、林永生、林坤鍾、辜振甫、辜偉甫、陳啓川、陳啓峰等	省議會及中華日報
7 李友邦系	王添燈、林連宗、王清佐、黃聯登、陳建文、李瑞成、曾溪水、江國深等	三青團臺灣區團
8 客家系	黃國書、丘念臺、劉兼善、吳鴻森、徐言、翁鈴等	新竹縣

資料來源：轉引自陳明通：《派系政治與陳儀治臺論》，賴澤涵主編：《臺灣光復初期歷史》，第 251 頁。

　　臺中派，以林獻堂為首，主要成員陳炘、楊肇嘉、吳三連、羅萬俥、何景寮、林呈祿、陳慶華、林猶龍，次要成員劉明朝、楊基先、林雲龍、黃朝清、葉榮鐘、張聘三、莊垂勝、黃千里等，政治經濟勢力主要集中在臺中、彰化銀行、臺灣信託。這一派除領袖林獻堂外，骨幹都是留日學生。1950 年7 月臺灣實行地方自治，地方派系隨之變化，林獻堂因不滿土地政策而去日本，楊肇嘉、羅萬俥老邁，臺中派沒落。〔註 132〕

　　阿海派，由於半山、臺中兩派先後形成後，另外的政治精英被統稱為阿海派，阿海派又有兩個大派系蔣渭川系和許丙系。蔣渭川系主要人物是彭德、顏良昌、張邦傑、吳國信、林日高、謝娥、林衡道，次要成員為林水木、周百鍊等。

　　許丙系，主要人物是許丙，次要成員陳清汾、黃添梁，再次為王超英、黃金時、黃成金、杜聰明、黃聯發、陳清池、楊基振等人。該派在「二二八事件」後演變成林頂立派，在省參議會和臨時省議會得到蔡鴻文的支持。〔註 133〕

　　上述政治派系在「二二八事變」後也可粗劃分三派：半山派──黃朝琴、連震東、黃國書、游彌堅、劉啓光、王民寧、李萬居等。臺中派──林獻堂、楊肇嘉、羅萬俥等為代表的地方士紳。阿海派──臺籍人士蔣渭川、許丙代表的勢力。1951 年前後到 1953 年四大公司民營後，地方派系整合為半山派系、楊肇嘉派系、林頂立派系、蔣渭川派系。半山派系包括原先游彌堅、黃朝琴、劉啓光、李萬居、連震東、王民寧、李友邦、客家等 8 個小派系的勢力，以彰化、第一、華南三大銀行、四大公司為陣地；楊肇嘉派系就是原來的臺中派系；林頂立派系吸收了原許丙派系的成員，還包括中小企業主。黃

〔註 132〕前引書《林衡道先生訪問記錄》，第 306 頁。
〔註 133〕前引書《派系政治與陳儀治臺論》，第 253 頁。《吳三連回憶錄》，第 155 頁。

朝琴和林頂立兩派以省議會爲對抗場所，黃派有李萬居、郭雨新等三分之一議員，林派議員人數三分之二，但知識水平較低。〔註134〕

　　陳儀政府和留日學生領導的派系之間的互動關係：陳儀的基本策略是利用「半山派」，排斥「臺中派」，打擊「阿海派」。這些派系左右著光復初期的臺灣政壇，對以後的臺灣政治也產生了很大的影響。

第二節　臺灣留日學生在臺灣光復前後活躍的原因

　　廣大留日學生，一聽說日本投降，臺灣即將回歸祖國，心情都十分激動。黃朝琴聽到日軍投降的消息時，正在蘭州，比別人更加興奮。「依據《波茨坦宣言》，臺灣將重歸祖國版圖，故我當時的心情，實較在場的任何人更爲興奮，而思鄉之情，亦不禁油然而生。」〔註135〕在上海的楊肇嘉，8 月 11 日淩晨接到電話，說日本要接受《波茨坦宣言》，「高興得不能再入睡！《波茨坦宣言》，其中最主要的一項是說將臺灣收歸祖國。這一項對臺灣人民太重要了！臺灣人被日本統治 50 年，所朝思夕想的就是這一點。」所以，留日學生在短時間內爆發了極大的政治熱情。他們組織歡迎祖國軍政人員的團體和活動，維持治安，參加各項慶祝勝利和光復的典禮。他們還掀起了一股創辦社會團體和報刊雜誌的熱潮，關心臺灣的經濟、文化、政治建設。在他們的影響下，臺灣社會出現了短暫的「百家爭鳴，百花齊放」的局面。留日學生熱烈歡迎光復並能起到領導作用的原因，分析如下：

一、民族解放是絕大多數留日學生的宿願

　　許多留日學生在日據時期就進行非武力抗日民族運動，他們奮鬥的短期目標是民族自決和日本式的立憲政治，長期目標就是漢民族的復興。在臺灣光復的偉大節日裏，他們當然十分高興。「各地方的舊同志，遠自臺南、高雄，三三五五接踵而來。無論新知舊雨，見面時莫不笑逐顏開，他們都是懷著滿腔希望和一股熱烈如火的興奮心情，討論今後應如何來建設我們的新臺灣。」〔註136〕如在導論中所述，日據時期參加民族運動的留日學生，都是

〔註134〕前引書《林衡道先生訪問記錄》，第 95、103 頁。《派系政治與陳儀治臺論》，第 246 頁。

〔註135〕前引《朝琴回憶錄》，第 88 頁。

〔註136〕葉榮鐘：《臺灣人物群像》，第 280 頁。

在日本接收了馬列主義、民族自決和民本主義思想影響的。他們的留學時間和政治經歷列表分析如下：

表1-5　到大陸參加抗戰光復的留日學生的代表人物

姓　名	出生年	留學時間	留學學校	簡　歷
謝南光	1902～		東京高師	文化協會會員、臺灣民眾黨
李友邦	1905～	1927年前後	早稻田大學	在中國大陸抗日
宋斐如		1935～1937	東京帝國大學	在中國大陸抗日，《人民導報》社長
郭天乙			中央大學	在中國大陸抗日
謝掙強			慶應大學	在中國大陸抗日
林嘯鯤			早稻田大學	在中國大陸抗日
牛光祖			東京音樂學校	在中國大陸抗日
林海濤			東京帝大	在中國大陸抗日
莊澤民			東京帝大	
呂伯鏞		1920年代	日本醫專	
王民寧	1903～	1929年畢業	陸軍士官學校	
連震東	1903～	1929年畢業	慶應大學	
林忠	1914～		京都帝大醫學	
丘念臺	1894～	1919～1929	中學、東京帝大	組織東寧會，在中國大陸參加抗日
蔡繼琨			東京藝術大學	
蔡培火	1889～	1915～1920	東京高等師範學校	文化協會專務理事，民族運動右翼代表人物之一
黃朝琴	1897～	1916～1923	中學、早稻田大學政治經濟學	參加民族運動，在中國大陸參加抗日
游彌堅	1897～	1927年畢業	日本大學政經科	東京臺灣青年會幹部，文化協會
林頂立	1908～	1931年畢業	明治大學	軍統臺灣站站長
黃國書	1906～		炮兵專校	在中國大陸參加國軍抗日
蘇紹文	1902～	1929年畢業	陸軍士官學校	
陳友欽				
陳漢平	1905～	1923～	慶應大學	黃埔軍校教官
陳復志	1911～		東京大成中學	到中國大陸參加抗戰
洪炎秋	1902～	1918～1920	中學	在中國大陸教書

資料來源：王詩琅譯注：《臺灣社會運動史——文化運動》，臺北縣，稻鄉出版社，1995
年。吳三連等：《臺灣民族運動史》，臺北，自立晚報社，1990 年 6 月。
臺灣省文獻委員會：《抗戰與臺灣光復史料輯要》。

表 1-6　光復初在島內政壇上活躍的著名留日學生

姓　　名	生卒年	留學時間	留學學校	簡　　歷
陳炘	1893～	1921 年畢業	慶應大學理財科	文化協會、民眾黨
林茂生	1887～	1903～1916	東京帝大	文化協會理事，總督府評議員
林猶龍	1902～1955	1911～1926	小學、中學、東京商科大學	文化協會
杜聰明	1893～	1915～1922	京都帝大	關心中國革命，參加國民黨
林呈祿	1896～	1914～	明治大學法科	文化協會理事、民族運動先覺、皇民奉公會文化部長
羅萬俥	1898～	1916～1920	明治大學	文化協會
蘇維梁	1895～		中央大學法學	臺灣自治聯盟
陳逸松	1907～	1920～	東京帝大法學	在日本接受了社會主義
楊肇嘉	1892～1976	1908～1926	早大政經	文化協會理事、地方自治聯盟首要人物
吳三連	1899～	1925 年畢業	東京商科大學	文化協會骨幹
蔡先於	1893～1950	1918～1921	明治大學法科	新民會成員、文化協會理事
蔡式穀	1881～		明治大學法科	律師、文化協會理事
黃朝清	1895～	1919 年畢業	東京慈惠醫專	臺灣地方自治聯盟理事
葉榮鐘		1927～	中央大學	文化協會、地方自治聯盟
王金海		1924 年畢業	早大	文化協會
莊垂勝		1924 年畢業	明大政治經濟學	文化協會
林連宗	1905～		中央大學法科	
林朝棨	1910～		東北帝大博士	
楊逵	1905～	1924～1927	日本大學	研究無產階級文學
楊阿壽	1895～		日本大學齒科	
謝有用	1920～		高中、專修大學	接收臺灣新報南部分社
王清佐	1902～		中央大學法學	高考司法科合格
黃逢時			日本帝大博士	
陳澄波	1895～	1924～1929	東京美術學校	

石錫勳	1900～	1923～	東京醫專	文化協會創會理事
丁瑞彬	1898～	1924 年畢業	明治大學	
施江南	1902～	1924～1930	京都帝大醫學部內科博士	在臺北創辦四方醫院，1940 年當選臺北州會議員。皇民奉公會中央本部參事
林石城	1912～		中央大學法學	文化協會成員
戴炎輝	1909～		東京大學法學博士	高考司法科合格，律師，皇民奉公會高雄州支部總務班主事
楊金虎	1898～	1990 年畢業	日本醫大	
曾維成			東京聖書學院	文化協會成員
高天成	1903～	1915～1938	中學、東京帝大醫學博士	東京臺灣青年會幹部
李瑞漢	1906～	1926 年前後	中央大學法科	律師
吳金鍊	1913～	1934 年畢業	東京文化學院	《興南新聞》政治部長；臺灣新生報日文編輯
阮朝日	1900～	1923～1926	高輪中學	
郭松根	1903～		京都帝大	東北同鄉會長
張信義	1906～		日本大學肄業	文化協會會員，左派
劉明哲	1892～	1916 年畢業	早大	1922 年受紳章，地方自治聯盟常務理事
劉明朝	1895～		東京帝大政治科	1933 年高考合格，總督府官員
劉明	1901～	1919～1928	東京高等工業學校	
吳新榮	1907～	1925～1932	中學、東京醫專	臺灣學術研究會左翼
陳啓川	1899～		慶應大學	
陳金波	1895～		東京帝大醫學	
葉秋木	1907～	1930 年前後	中央大學法學肄業	社會問題研究會，因抗日被遣送回臺
韓石泉	1897～	1935～1940	熊本醫大	文化協會理事、民眾黨中央委員
莊垂勝	1897～		明治大學政經科	啓發會、新民會
黃百祿	1902～		中央大學法學	臺灣學術研究會，左翼
朱江淮	1904～	1920～	中學、京都帝大	

張深切	1904～	1917～1923	青山學院中學部	左派作家，研究無產階級文學
巫永福	1913～		明治大學	
王白淵	1902～	1925～1931	東京美術學校	左派作家
蘇新	1907～	1924～	東京外語大學	1927年組織馬克思主義小組有陳來旺、林添進、何火炎等人。
蕭來福	1907～		中學	臺灣學術研究會、文協左派
楊雲萍	1906～	1927前後	日本大學	社會科學研究部
楊景山	1906～	1932年畢業	早大政經科	
陳紹馨	1906～1966	1927～1932	東京帝大法文學部	
許乃昌	1907～	1926年前後	日本大學	社會科學研究部，最早向島內介紹馬克思主義。
周百鍊	1908～		長崎醫科大學	光復初發起臺灣醫師公會
呂赫若	1914～1947		東京音樂學校	留學時深受社會主義影響。
陳招治			上野音樂學校	臺北三高女教師

資料來源：葉榮鐘：《臺灣人物群像》。1應大偉：《臺灣人檔案（之一）》。李筱峰：《二二八消失的臺灣精英》。蘇新：《未歸的臺共鬥魂》。王詩琅譯注：《臺灣社會運動史——文化運動》，臺北縣，稻鄉出版社，1995年。吳三連等：《臺灣民族運動史》，臺北，自立晚報社，1990年6月。

　　表1-5和表1-6中的留日學生，集中了日據時期的「新民會」、「臺灣青年會」、「臺灣文化協會」、「臺灣民眾黨」、「臺灣地方自治聯盟」、「臺灣農民組合」等團體的重要成員，都是臺灣的政治活躍分子。他們基本上都是在1910以前出生的。這一代人有兩個特點：第一，在成長過程中就耳聞目睹日本殖民統治的殘暴和血腥。1895年，日本侵略者開始對臺灣人民進行殖民征服，大規模武裝鎮壓直到1915年左右才基本停止。1930年爆發了著名的「霧社事件」，日軍血腥屠殺了上千高山族同胞。

　　第二，這一代人一般都在1931年以前到日本留學，這一時期特別是1926年以前的所謂「大正民主時期」，日本的進步思潮風行。他們在日本受到了馬列主義、民族自決及民本主義等思潮的影響，參加或目睹了臺灣議會設置請願活動等民族民主運動，民族意識覺醒。他們中間的有識之士，把臺灣取得徹底解放的希望寄託在祖國的強大之上。因此，這些有識之士就到中國大陸

參加建設或者抗戰。

第三，這些臺灣政治上的代表人物，雖然在民族主義立場上和中國大陸的官僚一致，但在政治上卻存在著不可避免的矛盾。由於兩岸阻隔了 50 年，留日學生又長期接受日本政治文化的影響，對中國近現代政治情況卻瞭解不多，因而在接收過程中就與中國大陸籍的官僚產生了一定的矛盾。這對戰後臺灣政治的發展有著很大的影響。

林獻堂、林呈祿、羅萬俥、陳炘、蔡培火、蘇維梁等六人參加 1945 年 9 月 9 日南京受降典禮時，就暴露了臺灣留日學生不瞭解中國政治的問題。9 月 8 日臺灣代表就到了南京，「但日軍第十方面軍參謀長諫山春樹卻說他們不參加也無所謂，結果他們沒有參加受降典禮。次日，陳炘等人拜會何應欽時，何不悅。」〔註 137〕這六個人實際上是代表臺灣人民來分享中國人民抗戰勝利的偉大成果。但是，他們沒能深刻理解參加南京受降典禮的偉大意義，沒能完全理解中國大陸人民對於抗戰勝利的心情，也因此輕信了日本人的話。

再如，臺灣留日學生認爲，中國大陸籍接收官員政治思想落後。參與臺南州接收的莊維藩批評說，臺南州接管委員會主委韓聯和沒有近代法治思想。莊維藩是東京帝大政治科畢業，高等文官考試行政科及格，1942 年任新營郡守，日據時期臺灣人做到奏任官的僅有 29 人，他是其中之一。

在「臺籍漢奸」問題上，臺灣留日學生也有不同觀點。1946 年 1 月，臺灣全省進行漢奸總檢舉，2 月 21 日，林熊徵、陳炘、辜振甫等 10 多個著名紳士以漢奸嫌疑被捕入獄。10 月 21 日，國民政府公佈《戰爭罪犯審判條例》，將一些臺灣人列爲戰犯，其中被起訴者 173 名，26 人被判死刑。〔註 138〕臺灣留日學生反對把臺灣人當成漢奸，其原因有二。其一，在法律上，臺灣人和日本人合作，責任不在臺灣人。丘念臺、吳三連都是這樣認識的。吳三連認爲「既然臺灣人變成日本國民並非臺人的責任，則漢奸的指控，應有商榷餘地。」他陳情國民黨中央救援被指爲漢奸和姦商的臺人。〔註 139〕其二，臺灣行政長官公署沒有區別對待日據時期的抗日志士和「御用紳士」。林熊徵、林熊祥兄弟，板橋人，臺灣最大地主，都是日本東京皇家學習院的學生。

〔註 137〕吉田莊人著、彤雲譯《從人物看臺灣百年史》，臺灣，武陵出版社，1998 年，第 96 頁。

〔註 138〕謝國興：《府城紳士——辛文炳和他的志業》，第 39 頁。

〔註 139〕張炎憲等：《臺灣近代名人誌》第 1 冊，吳三連。

〔註 140〕他們和許丙、辜振甫等人在日據時期和臺灣總督府合作，是臺灣人所說的「御用紳士」。陳炘等人則是抗日志士。〔註 141〕

在丘念臺、吳三連等人的陳情下，國民政府於 1946 年 11 月才正式通令各省戰爭期間被日人徵用的臺胞不能以漢奸治罪。〔註 142〕被抓捕的陳炘等一些重要人物也陸續釋放。

二、在各種組織和活動中成爲領導者的原因

在光復初期的重大政治活動中，無論是參加接收計劃制訂和三次大典，還是組織社團創辦報刊雜誌，代表人物都是留日學生。根本原因是留日學生這個社會階層有著雄厚的經濟資本、文化資本和社會關係資本。下面以黃朝琴、林茂生、杜聰明、陳炘等九個代表性人物爲例，來分析留日學生這個社會階層成爲臺灣社會領導者的原因。

黃朝琴，臺南鹽水鎮人，參加文化協會並任《臺灣民報》編輯，認識當時中國駐日公使館代辦莊景珂，而時常到公使館擔任招待外賓等臨時事務或翻譯工作，開啓替國民政府做事之門，1923 年赴美國伊利諾斯大學留學，1925 年加入國民黨，1926 年獲政治學碩士，1927 年秋由美國抵達上海，1928 年 1 月任外交部僑務局科員，之後，歷任特派員、秘書、科長、駐舊金山和加爾各答總領事等職務。1944 年 4 月，他入中央訓練團黨政高級班二期受訓，試擬《臺灣收復後之工作計劃》，頗受國民黨當局重視。1945 年 8 月，他接收臺北市政府，並擔任市長。由於蔣介石接受了陳儀建議，「中、中、交、農」四大銀行沒有去臺灣，仍以臺灣銀行管理金融。〔註 143〕1946 年 10 月，臺灣行政長官公署接收與改組臺灣商業銀行，由他代表南部資本家擔任臺灣工商銀行籌備處主任委員，負責把接收的「臺灣商工銀行」改組爲官民合營的「臺灣工商銀行」，並擔任首屆董事長。〔註 144〕

林茂生，屏東東港基督長老教世家出身，1903 年赴日就讀於京都同志社中學，次年考入京都第三高等學校，後考入東京帝國大學，主修東方哲學，

〔註 140〕陳三井、許雪姬等：《林衡道先生訪問紀錄》，臺北，中研院近代史所，1992 年，第 78 頁。
〔註 141〕張炎憲等：《臺灣近代名人誌》第 3 冊，第 163 頁。
〔註 142〕丘念臺：《嶺海微飆》，臺北，中華日報社出版，1976 年再版，第 252 頁。
〔註 143〕葛敬恩：《接收臺灣紀略》，臺省文獻委員會：《二二八事件文獻續錄》，臺北，第 674 頁。
〔註 144〕前引《朝琴回憶錄》，第 138 頁。

1916 年畢業，成爲臺灣第一位文學士。返臺後他任教於長榮中學。1921 年臺灣文化協會舉辦講習會，他任西洋歷史講師。1927 年，他入哥倫比亞大學，1929 年獲得哲學博士學位，爲臺灣第一個獲得博士學位的人。回臺後，他任教臺南高等工業學校，日據時代作過「皇民奉公會」的動員部長。戰後，他出任臺灣大學先修班主任、文學院院長。他創辦了影響極大的《民報》，成爲輿論界的領袖人物。

杜聰明，臺北淡水人，1915 年赴京都帝大研究內科學，1922 年 12 月 16 日獲博士學位，臺灣首位博士。臺灣醫學界代表人物。1920 受聘總督府醫學校講師，1937 年被任命爲臺北帝國大學教授。他是日據時期臺灣人中級別最高的官員。「直到 1945 年 9 月，總督府各級官吏中，敕任官 161 人，臺灣人僅有臺北帝大教授杜聰明一人。」1945 年，他參加日本投降簽字儀式，被聘出任臺大醫學院院長、熱帶研究所所長、臺灣省戒煙所所長等職。1947 年，他任「二二八事件處理委員會」委員，臺灣省府委員。1954 年，他創立私立高雄醫學院並任院長，提倡「藥學至上，研究第一」。

林呈祿，臺灣文化協會領導人之一，從 1920 年到 1945 年，始終擔任《臺灣青年》、《臺灣》、《臺灣民報》、《臺灣新民報》、《興南新聞》編輯、主筆，臺灣民族運動的理論家，臺灣議會期成同盟會負責人，1924 年在「治警事件」中被判刑 3 個月。1941 年到 1945 年，他出任臺灣總督府評議會員。

蔡培火，雲林北港人，留學東京時結識日本開明派政治人物，臺灣文化協會專務理事，《臺灣青年》、《臺灣民報》編輯，致力於推動文化啓蒙運動，以提倡羅馬字臺灣白話文而著名，與蔣渭水並列「南蔡北蔣」兩大宣傳運動家。1924 年在「治警事件」中被判刑 4 個月。1930 年參與組建臺灣地方自治聯盟，抗戰後期到大陸參加國民黨，任臺灣省黨部執委。1948 年當選「立委」，1950 年 3 月任「政務委員」，連任 15 年。〔註 145〕

陳炘，「在日本留學時，陳炘就是同學會會長。」〔註 146〕他集合臺灣民族資本創立大東信託株式會社。1944 年，大東信託株式會社被殖民當局強行與其它信託業合併成立「臺灣信託株式會社」，陳炘仍任專務取締役（總經理）。1945 年 11 月，行政長官公署派員監理，但業務仍由陳炘主持進行。1946

〔註 145〕張炎憲等：《臺灣近代名人誌》第 2 冊，第 99 頁。

〔註 146〕《謝綺蘭口述》，行政院研究「二二八事件」小組：《附錄二　重要口述歷史（一）》，1992 年。

年8月，臺灣信託公司第四屆股東大會召開，由董事長陳炘主持。〔註147〕12月，陳炘到大陸考察信託業情況，為改革臺灣信託做準備。〔註148〕1946年12月1日，臺灣信託公司籌備處成立，陳任主任委員。次年3月1日正式成立，陳炘出任董事長。

陳炘出面組織的歡迎國民政府籌備委員會，之所以能夠迅速成為全島性的組織，並有效地組織了全島性的歡迎活動，是因為它利用了臺灣信託、「臺灣地方自治聯盟」和「皇民奉公會」等政治、經濟組織的力量。陳炘是「臺灣地方自治聯盟」和「皇民奉公會」的重要領導之一，又主持臺灣信託。臺灣信託公司在基隆、新竹、臺中、臺南、高雄、屏東等全島重要城市都有支店，因此歡迎國民政府籌備委員會的活動通過臺灣信託的分支機構，迅速在全島各重要城市展開。「……民眾慶祝大會的動員，已取得日本方面的諒解，通過各皇民奉公班動員。」〔註149〕

在南京參加受降典禮時，何應欽要求陳炘籌設公司，以協助臺灣的復興重建工作。〔註150〕日本宣佈投降後，臺灣大小企業家關心江浙財團來臺灣取代日本資本家的壟斷地位。擔心「也是與日本治下的時候一樣，會受著種種的束縛。」〔註151〕

1945年底開始籌備，總資本額五千萬元，董事長陳炘，參加投資列為董、監事者，包括林獻堂、巫永昌、施江南、陳逢源、林呈祿、李茂炎、吳見草、李朝北、黃朝清、謝國城、謝敏初、楊凱旋、巫永福、黃再壽、侯全成、鄭鴻源、楊宗城、蘇維梁等。經營範圍：打撈業；漁業；水產業；造船；工業；貿易。〔註152〕

羅萬俥，1898年生，1920年明治大學法學部肄業，《臺灣新民報》專務兼營業局長，參與議會設置請願運動、臺灣地方自治聯盟領導工作。1947年臺灣人壽保險公司改組成立，羅萬俥出任董事長。1948年，他以第二高票當選「立委」，兼任國民黨臺灣省黨部執行委員。1952年，他兼任臺灣銀行常務

〔註147〕臺北，《民報》，1946年8月21日晨刊，二版新聞。
〔註148〕臺北，《民報》1946年12年13日，四版。
〔註149〕李筱峰：《林茂生陳炘和他們的時代》，第140頁。
〔註150〕《陳槃谷口述》，行政院研究「二二八事件」小組：《附錄二　重要口述歷史（一）》，1992年。
〔註151〕臺北，《政經報》第一卷第五期，1945年12月25日。
〔註152〕臺北，《民報》1946年8月25日，二版。

董事。1955 年 8 月，他就任彰化商業銀行董事長。〔註153〕

　　蘇維梁，1895 年生，新竹人，中央大學法科畢業，中藥商，臺灣文化協會、臺灣地方自治聯盟領導人之一。1935 年，他當選民選新竹市會議員。

　　陳逸松，宜蘭羅東人，1907 年生，1920 年到金川中學和東京帝大法學部留學。他是東京帝大左翼團體「新人會」的成員，也是「社會科學研究會」委員，嚮往社會主義。1933 年，他回臺在大稻埕開設法律事務所。1935 年，他當選臺北市會議員。1941 年，他讚助張文環創辦《臺灣文學》。1945 年，他在臺北市籌組三民主義青年團，組織「臺灣政治經濟研究會」，發行《政經報》。1946 年，他當選國民參政員，在臺北組織「臺灣政治同盟」。〔註154〕

　　類似上述九人的留日學生還有很多，他們既有很強的資本總量，又積極參加政治團體和政治活動，積纍了豐富的政治經驗，理應是臺灣社會的領導階層。

　　綜上所述，1945 年抗戰勝利後，留日學生民族情緒和政治熱情都十分高漲。在國民政府接收臺灣的過程中，在大陸參加抗日的臺灣留日學生代表人物李友邦、黃朝琴、宋斐如、游彌堅、丘念臺、連震東等人參與了接收計劃的製定，提出了許多重要意見。但是，在製定計劃時，他們只是配角，他們許多重要意見並沒有被國民政府和臺灣行政長官陳儀所接受，例如，多用臺灣人才，在教育上、行政上從日語到漢語的過渡期要長一些，等等。

　　在島內的留日學生也積極歡迎臺灣光復，協助國民政府的接收工作。他們做了三個方面的工作：協助接收；維護治安；參加光復典禮等政治活動。在接收過程中，留日學生成立了自己的社會團體、創辦了自己的報刊雜誌、實際上控制了輿論、教育和衛生系統的大權。所以，可以說，臺灣行政長官公署和軍隊接收了臺灣的軍政機構、房產物資等硬件；而臺灣留日學生則在實際上接收了文化和教育等軟件的大權，接收了臺灣的民心。臺灣留日學生控制了輿論大權，運用他們熟悉的立憲政治、社會主義、民本政治等理論，猛烈地批評臺灣行政長官公署的各項政策，對「二二八事件」的發生有很大影響。這也對戰後臺灣政治產生了重大而深遠的影響。

　　在留日學生領導的「半山派」、「臺中派」和「阿海派」等政治派系中，「臺中派」不受陳儀信任。例如，在丘念臺組織「臺灣光復致敬團」時，陳儀不

─────────────

〔註153〕葉榮鐘：《臺灣人物群像》，第 185 頁。
〔註154〕前引《陳逸松回憶錄》，第 100 頁。

許林獻堂出任團長，不許陳炘出任團員〔註155〕。這導致「臺中派」對臺灣行政長官公署嚴重不滿。

　　總之，在短暫的接收過程結束後，臺灣行政長官公署和臺灣留日學生之間的矛盾，逐漸暴露和激化，雙方主要爭奪臺灣政壇的政治權力。資本總量雄厚的臺灣留日學生不滿足於自己現有的政治地位，必然起來鬥爭。

〔註155〕丘念臺：《嶺海微飆》，中華日報社1962年，第260頁～262頁。

第二章　臺灣留日學生與「二二八事件」

　　「二二八事件」是臺灣現代史上的重大事件，對臺灣社會和政治影響深遠。臺灣代表官方研究該事件的專家賴澤涵認爲，「二二八事件」就其歷史觀點來分析，可以分爲狹義和廣義兩種看法。(1) 狹義的「二二八」: 從 1947 年 2 月 27 日亂事開始到 1947 年 3 月 12～14 日，已經無眞正的亂事，表面看起來平靜了。(2) 廣義的「二二八」: 從 1947 年 2 月 27 日直到 1990 年代，「二二八事件」根本從沒有解決。〔註1〕

　　1980 年代以來，有關「二二八事件」的報導、追述、評論、研究論著等大量發表印行，數量達到一百多種。這些文章書籍基本上都把事件的原因背景歸納爲政治的、經濟的、社會的和文化的。關於事件的性質，迄今爲止有五種說法。第一種是中國共產黨的觀點: 臺灣人民是反帝愛國的，「二二八事件」是中國革命的一部份。第二種是國民黨的觀點: 50 年的日本教育誤導了臺灣民眾，使他們起來暴動，另外中國共產黨幹部和野心分子也起到了推動作用。第三種是美國國務院「中國白皮書」的詮釋: 經濟惡化和國民黨的吏治腐敗，造成了「二二八起事」，而國民黨軍隊則以極高的人命代價平定了這個暴動。第四種是 1991 年臺灣省文獻委員會的觀點: 它是幾個世紀以來，伴隨改朝換代所發生的大規模城市暴動。〔註2〕第五種是「臺獨」勢力的觀點: 這是反對國民黨壓迫的暴動，彭明敏甚至說，國民黨屠殺兩萬以上

〔註1〕　賴澤涵:《由禁忌到立碑——臺灣「二二八事件」的研究及其問題》,《二二八事件文獻續錄》, 第 683 頁。

〔註2〕　臺灣省文獻委員會:《二二八事件文獻輯錄》, 臺北, 臺省文獻委員會編印,
　　　　1991 年 11 月, 第 5～8 頁。

的本土精英目的不止是要恢復秩序，還要根本消滅國民黨統治的反對者。陳水扁說，「二二八事件」是臺灣民眾反抗所謂「外來政權」的運動。〔註3〕

　　通過發掘歷史資料，深入研究臺灣留日學生這一社會階層在這一重大歷史事件中的言行和作用，作者得出了與上述五種觀點不同的結論：「二二八事件」是留日學生領導的一場和臺灣行政長官公署爭奪政治權力的運動。接收任務完成後，臺灣政治上的主要矛盾發生了變化。接收之前，主要矛盾是驅除日本殖民勢力的民族鬥爭民族矛盾；接收之後，主要矛盾則演變成臺灣行政長官公署的獨裁統治和臺灣人民爭取民主自治的政治鬥爭政治矛盾。而這個政治上的主要矛盾，則集中體現在臺灣留日學生和中國大陸籍國民黨官僚爭奪臺灣省政治權力的鬥爭上。陳儀爲代表的中國大陸籍官僚，以「彼等不識國語國文不明白國家法令」爲由，不讓臺灣知識精英進入臺灣省權力高層，自己壟斷權力。〔註4〕這樣的判斷和任人標準，必然引起臺灣知識分子的強烈反對。臺灣留日學生反對最爲激烈，因爲日本殖民統治的結果集中體現在這個社會階層身上。一方面，他們在日本學到了近代化的科學、文化和民主政治知識，野心勃勃，在日據時期就積極參加政治鬥爭；另一方面，他們又深受日本殖民文化影響，對中國語言文化和政治現實知之甚少，前途受到了影響。所以，一旦遇到反抗政治現實的事變，他們必然就會站在鬥爭的最前線。

　　臺灣留日學生這個階層的領導作用和重要性，貫穿在整個事變的過程之中。事變前，這個階層主要通過輿論批評時政引導臺灣社會。事變中，無論有組織的反對活動，還是自發的反抗活動，這個階層都是領導者。事變後，這個階層同時是被鎮壓和被安撫的主要對象。下面分述他們在三個階段的領導作用。

第一節　事變前臺灣留日學生領導的活動

　　如第一章所述，在臺灣光復後，經濟資本雄厚、文化資本優越的臺灣留日學生，對自己的政治地位嚴重不滿，對國民黨治理臺灣的方針政策也嚴重不滿。於是，他們不斷嚴厲地批評臺灣行政長官公署的體制、經濟文化和人事政策、腐敗等。留日學生表達自己主張和批評時政的方式，主要有輿論批

〔註3〕　臺北，《自由時報》2007 年 2 月 28 日，第一版。
〔註4〕　1946 年 12 月 9 日《僑聲報》，李祖基：《二二八事件報刊資料彙編》，海峽學術出版，2007 年，第 199 頁。

評、請願抗議、學校教育、在參議會裏進行鬥爭、以及向國民黨中央反映情況等。無庸諱言，這些鬥爭方式明顯地受到了他們在日據時期的政治活動方式的影響。他們在日據時期的活動方式，導論中已有論述，此處不再贅述。

一、留日學生對接收後臺灣政局的意見

如前所述，抗戰勝利後，臺灣留日學生對臺灣回歸祖國是萬分高興的。他們認為，臺灣從此可以與中國大陸一起建設一個新中國了。但是，到 1945年底和 1946 年上半年臺灣接收工作基本完成後，臺灣留日學生的情緒和意見發生了很大的變化，對時局逐漸悲觀消極起來。他們的悲觀和不滿，可以分為政治、經濟兩個大方面。

（一）政治上，反對臺灣行政長官公署制度

臺灣留日學生認為，臺灣光復後的基本形勢是：臺灣的現代化之民受國民黨落後的政治統治，臺灣被隔離 50 多年，在文化上制度上和中國大陸已經有很大的差別矛盾。臺灣經濟教育等各個方面，都比中國大陸各省平均水平要高。「蓋現代化之民而施國內落後之政，久離隔之族而接 50 年未習之風，自多柄鑿搖惑。」〔註5〕「臺灣受日帝統治 51 年，制度、習俗與祖國頗多差異，接收工作及接收後之行政，完全忽略如上情形；」〔註6〕

因此，光復已經數月，政府與人民的互信仍然沒有建立，在精神上也存在著一個臺灣海峽。臺灣人民原有感謝光復的心情，反而轉變成對國民政府不滿了。黃朝琴等人非常憂慮，認為「此種情形，如不及時化解，勢將導致嚴重的後果。」〔註7〕

臺灣留日學生反對高度集權的臺灣行政長官公署制度，反對公署的特權和腐敗，要求實行和內地一樣的省政府制度。此點第一章已有論述，連震東就批評過長官公署制度。「特殊化之行政長官制度等於日本臺灣總督之變相，使人民誤認中國政府仍視臺灣為殖民地。」「軍紀之敗壞，時常掠取人民財物及毆打貧民。」〔註8〕

〔註5〕 前引《臺灣光復和光復後五年省情》（下），第 588 頁。
〔註6〕 陳三井、許雪姬等：《林衡道先生訪問記錄》，臺北，中研院近代史所，1992年 12 月，第 67 頁。
〔註7〕 前引《朝琴回憶錄》，第 154 頁。
〔註8〕 《二二八慘案臺胞慰問團呈于右任關於處理臺灣事變意見書》，《臺灣光復和光復後五年省情》（下），第 590 頁。

「不料祖國政府所施於臺灣者依然爲種種之束縛與層層之剝削，對於臺灣接管，完全抄襲舊日日本治臺方法，頒佈所謂臺灣省行政長官公署組織大綱，以行政、財政、立法、軍事之大權，集中於長官一人之身，形成新殖民地總督之變相。而陳儀長官到任以來，首先留用日籍警察官吏，繼續統治臺灣人民，引起普遍失望。」繼而憑藉特殊地位濫用權力：干涉司法，臺灣法院非得長官同意，不得檢舉貪污；統制印刷紙張，籍以摧殘臺胞言論與文化；包庇部屬利用臺銀專賣局貿易公司等機關，營私舞弊，造成貪污窮奢極欲之風氣。〔註9〕

很顯然，臺灣留日學生批評臺灣行政長官公署所使用的政治標準，就是他們所熟悉的日本立憲政治、民本主義。

公署的人事制度和政策，最受臺灣留日學生詬病。不僅沒有做官的留日學生不滿，就是從中國大陸回去的臺灣留日學生也有不滿。例如黃朝琴，對自己被降級任命爲臺北市長就不滿。〔註10〕他們認爲外省人佔據要津，本省人居不重要之地位。如各處處長無本省人，副處長僅一人，各縣市長本省人僅一、二人，專賣局、貿易局及重要業務機關等組織無本省人。

表2-1　行政長官公署內主管級以上職員省籍分配（1946年）

職　位	本省數量及比例		外省數量及比例		合　計
處　長	0	0%	8	100%	8
副處長	1	33.3%	2	66.7%	3
科　長	0	0%	31	100%	31
股　長	9	8.4%	98	91.6%	107
專　員	11	12.1%	80	87.9%	91
合　計	22	7.4%	274	92.6%	296

資料來源：陳明通：《派系政治與陳儀治臺論》，賴澤涵主編：《臺灣光復初期歷史》，第271頁；《民報》，1946年11月8日，第三版。

從表上可以看出，臺灣人在行政長官公署擔任主管級以上職務者，竟不到10%。與此形成鮮明對比的是臺灣人才濟濟。光復前夕，臺灣有2508人在臺灣島內受過高等教育，五到六萬名留日大專院校畢業生，近百位留學歐美

〔註9〕《臺灣光復和光復後五年省情》（下），第586頁。
〔註10〕戴國煇、葉芸芸著：《愛憎二二八》，臺北，遠流出版社1992年，第77頁。

的學生。〔註11〕但是，由於這些人不懂中國語言文字、不會處理中國式公文，故而得不到陳儀政府的重用。「臺灣沒有政治人才」這句話，讓臺灣留日學生最受刺激。〔註12〕

（二）經濟上，由資本主義經濟倒退到封建經濟

臺灣留日學生把光復後臺灣經濟的性質定性為封建主義的，因而是全盤否定了臺灣行政長官公署的經濟制度和政策。如第一章所述，1946 年 6 月，陳逸松、劉明、徐慶鐘、蕭苑室、朱江淮、顏朝邦等人都認為：戰前臺灣經濟政策是帝國主義的資本主義的，戰後臺灣經濟政策是封建主義的。〔註13〕

臺灣留日學生把經濟停滯、人民生活困苦的原因，都歸結到行政長官公署的經濟體制和其它各項政策上。他們認為，公署紊亂金融，拒絕國家銀行在臺開業，濫發臺幣，妄定匯率，包辦匯兌，造成嚴重的通貨膨脹與金融恐慌；厲行日用必需品如煙酒等的專賣，增加臺胞正常稅收之外的不合理負擔；專用黨羽，包辦貿易局及 22 個貿易公司，統治臺灣全部進出口貿易，剝奪人民生計；頒佈特殊法令，限制人民經商旅行的自由，濫拘人民數千，監禁於火燒島紅頭嶼各處。「致接管 16 個月以來，生產停頓，商業破產，物價暴騰，以臺灣產米之區，米價之高，竟居全國第一。」〔註14〕「臺灣遍地糧荒，物情騷然；日寇留下的公私工廠大多未復工，失業嚴重。」〔註15〕「接管時因人事調配不當，生產機構停滯，……失業人數劇增，……人民生活極為艱苦。」〔註16〕

政治、經濟之外，在文化上，長期受到日本「脫亞入歐」文化教育的臺灣留日學生，態度幾乎和日本人一樣，眼裏只有歐美先進國家的文化，非常輕視中國文化，「以為祖國文化，大多無可取之處」。〔註17〕

臺灣留日學生作為臺灣社會的主流階層領導階層，其意識必然也是臺灣

〔註11〕　吳文星：《臺灣社會領導階層之研究》，臺北，正中書局，1992，第 114～124 頁。

〔註12〕　陳芳明編：《臺灣戰後史資料選——二二八事件專輯》，二二八和平日促進會，1991 年 3 月，第 17 頁。

〔註13〕　許雪姬：《柯臺山先生訪問紀錄》，第 71～72 頁。

〔註14〕　前引《臺灣光復和光復後五年省情》（下），第 586 頁。

〔註15〕　前引陳三井、許雪姬：《林衡道先生訪問記錄》，第 67、68 頁。

〔註16〕　前引《朝琴回憶錄》，第 154 頁。

〔註17〕　陳達夫：《日人統治下之臺灣教育》，《臺灣光復和光復後五年省情》（上），第 354 頁。

社會的主流意識。留日學生代表的社會主流意識對現實嚴重不滿，必然會影響臺灣全社會。臺灣社會各階層特別是城市裏的青年學生，必然會進行反抗現實的鬥爭。

二、臺灣留日學生的反抗活動

面對臺灣政局的種種黑暗，留日學生展開了積極地反抗活動。他們的反抗活動可分爲輿論批評、請願抗議、參議會鬥爭、學校教育、各種聚會會議上的批評、向國民黨中央反映等六大種類，它們的方式、範圍和特點各不相同，但都對二二八事件的發生產生了一定的作用。分別論述如下。

（一）留日學生的輿論批評

如第一章所述，光復初期，留日學生創辦和編輯了大量報刊雜誌。這些報刊雜誌以文化重建爲課題，介紹中國語文，促成民眾對祖國文化的瞭解。它們對去除臺灣社會的日本殖民化貢獻很大。但是，它們對臺灣時政的嚴屬批評，也對「二二八事件」的發生有著重大影響。陳儀承認「二二八事件」的遠因是「實由臺人受日本奴化太深，思想中毒，平時御用紳士未受懲治，報紙惡性詆毀未予嚴格取締。」可見，報刊影響是事件發生的三大遠因之一。〔註18〕

楊亮功在向國民黨中央報告事變原因時也指出：「在輿論上則採取放任主義，一年以來，行政當局未能注意應付環境方面，開罪過多，以是全臺十餘家報紙之輿論，幾無日不有批評政府誹謗政府甚至不依事實任情謾罵惡意醜詆，長管公署以言論自由均置之不理。臺胞初級教育甚爲普及，能閱報者占絕大多數，此等攻擊政府之輿論，爲其從來未所見，初則引爲怪事，繼則信爲正確，而漸起輕視政府不信任政府之心理矣。」〔註19〕

批評時政最強烈影響最大的，是林茂生的《民報》。《民報》要求在臺灣貫徹三民主義，以繼承孫中山的《民報》的革命精神自許。總編輯許乃昌的政治主張，是臺灣完全實施地方自治。〔註20〕它對陳儀主持下的臺灣現實，痛下針砭。它僅僅存活了一年五個月，但其 300 多篇社論，代表著臺灣留日

〔註18〕《陳儀報告二二八事件情形致吳鼎昌等電》，《臺灣光復和光復後五年省情》（下），第 596 頁。
〔註19〕《楊亮功何漢文調查報告》，前引《二二八事件文獻續錄》，第 128 頁。
〔註20〕《民報》，1946 年 11 月 2 日，第一版，社論。

學生的改革呼聲，其主要內容可概括爲三部分：

首先、它報導和批評臺灣的政治弊端：1. 貪污情形；2. 大陸人壟斷權位，3. 裙帶關係，4. 外行領導內行。5. 法治不彰。

其次、報導批評經濟民生：1. 官僚資本主義。在經濟上和政治上的壟斷一樣，全面統治。日本留下的237家公私企業、600多個單位，都歸長官公署所屬各處局所設的27家公司來經營。對此，民報批判，呼籲「掃除官僚資本化」。2. 經濟蕭條、民生凋敝；3. 經濟榨取；4. 受大陸經濟之累，如它分析臺灣米荒、米價高的原因是全國性的「鈔幣洪水的影響」。

再次、報導和嚴屬批評社會：1. 治安惡化，2. 退化中的社會。3. 族群隔閡與文化衝突。〔註21〕

《人民導報》編輯蘇新是個社會主義者，瞭解國共合作的一些情況，也看到了《新華日報》、《民主》等進步報刊。他的編輯方針就是採用反對國民黨的稿件。社長宋斐如因此受到警備司令部及國民黨省黨部的幾次警告。5月初，陳儀逼迫宋斐如辭掉社長職務。後聘請王添燈當社長。但蘇新繼續刊登反對言論，如從6月23日到27日連續轉載上海《周報》上反對國民黨發動內戰的文章《十五天能和平嗎？》。

《人民導報》因刊登高雄地主勾結警察迫害農民事件而被起訴，社長王添燈被判刑1年。該報工作人員不服，在報紙上掀起論戰，《民報》及其它報紙都紛紛聲援。國民黨省黨部準備封閉該報和逮捕該報編輯人員，丘念臺夜裏叫他的秘書林憲找蘇新，讓他設法疏通。蘇新和主筆陳文彬去找省黨部主委李翼中、宣傳處長林紫貴、宣傳委員會主委夏濤聲。最後，蘇新被撤職，兩個編輯吳某、郭玉榮和兩個記者吳克泰、呂赫若退出編輯部。〔註22〕

其它報紙也像《民報》一樣關心批評時政。省參議員王添燈和林日高在省參議會揭露，資源委員會將15萬噸白糖無償地運去上海，致使臺糖公司缺乏再生產資金。爲了報導這起事件在省參議會的鬥爭情況，《民報》、《人民導報》、《大明報》、《自由報》統一用稿、加倍發行，引起了很大的轟動。

1947年2月初，高雄市的《國聲報》嚴屬批評高雄中學代校長李鍾淵，隨後學生也罷課，導致李鍾淵去職，由大阪帝大工學部畢業的廖行貴接任校

〔註21〕陳芳明：《二二八前夜臺灣的改革要求——以〈民報〉社論爲中心》，《臺灣史料研究》，1996年第8號。

〔註22〕蘇新：《未歸的臺共鬥魂——蘇新自傳與文集》，第63～65頁。

長。〔註23〕

　　臺灣留日學生創辦的雜誌，也積極批評時事政治。這樣的雜誌有《臺灣雜誌》、《臺灣評論》、《前鋒》、《政經報》、《新新》、《臺灣月刊》等，它們的時事評論文章在雜誌中所佔的比例分別是 38.5%、32.6%、30.5%、29.4%、26.6%、26.3%。另外還有倡導性的文章，比例也很高。〔註24〕

　　這些雜誌所議論的時政，主要內容是批評公署各項政策、要求實行憲政。1945 年 12 月 25 日，中華民國憲法公佈，兩天後，《前鋒》雜誌就主辦座談會，邀請林茂生等著名人物參加。在這個座談會上，林茂生說，「往後在這條軌道上，我們的國家是否能順利運行，是全靠我們人民的對憲法的認識以及實行憲法的努力而定的，我很希望大家抱著這個觀念來努力，來選舉適當的人材，爲地方爲國家貢獻。」〔註25〕1947 年 1 月 1 日出版的《前鋒》社論《新人，新生，與新年》，評論政治說：「政治的推行更用不著述——由米的統制，煤炭的『半專賣』，苛捐雜稅的徵收等等。『左營事件』繼之以『新營事件』，又再繼之以『員林事件』，清查團檢舉的貿易局與及專賣局事件，一切的一切都不堪回想。錦繡河山到處瘡痍，戰後的復興遲而難期。」〔註26〕

　　《政經報》前兩期完全擁護國民黨，轉載《三民主義解說》等。第三期開始發表一些文章批評時政。這些文章批評陳儀利用日人官吏、啓用過去漢奸「奸黨」、物價政策、金融政策，反對江浙財閥的進出臺灣等。〔註27〕《政經報》的靈魂人物是蘇新。〔註28〕《自由報》周刊基調以臺灣地方自治爲主。刊登國共《雙十談判紀要》、孫中山和蔣介石的語錄。1947 年元旦號，該周刊發表蘇新《臺灣一年來社會情況的變化》。因批評時政，該刊接受過一次警告和一次停刊命令，曾改名《臺北自由報》、《青年自由報》。〔註29〕

　　《新新》雜誌因缺錢而只出了八期。1946 年 10 月 17 日第七期有王白淵用日文寫的政治短文《獻給青年諸君》說：「日本這國家在今天是四等國，國民卻屬一等國民；反觀中國，今天它已列爲一等國了，國民卻連四等國民都

〔註23〕臺灣省文獻委員會：《二二八事件文獻補錄》，第 422 頁。

〔註24〕莊惠惇：《戰後初期臺灣的雜誌文化》，《臺灣風物》，第 49 卷 1 期，1999 年 3 月，第 63 頁。

〔註25〕《前鋒》，1946 年，第 3 期。

〔註26〕《前鋒》，1947 年 1 月，第 14 期。

〔註27〕蘇新：《未歸的臺共鬥魂——蘇新自傳與文集》，第 61 頁。

〔註28〕張炎憲等：《臺灣近代名人誌》第 4 冊，第 262 頁。

〔註29〕蘇新：《未歸的臺共鬥魂——蘇新自傳與文集》，第 66 頁。

不如。」「我們若肯面對現實看問題，的確還看不到實現民主政治所具備的社會條件……，例如政治機構缺乏縱與橫的有機連繫；人事制度之混雜不清；政務之緩慢與繁瑣；中央與地方之間的不統一；不明確的歲出歲入之費額；貪污之事橫行於官場；公私不分；民意機關無決議權；官僚式的公文政治等等……。」〔註30〕

《臺灣評論》也刊登李純青的通訊《老百姓讚揚新四軍》，並因此而受到長官公署處罰。〔註31〕

結果，3 月 13 日，警總以「思想反動、言論荒謬、詆毀政府、煽動暴亂之主要力量」爲由，封閉報館和逮捕記者。《民報》、《人民導報》、《大明報》、《中外日報》、《重建日報》、《和平日報》，以及所有定期刊物全數被封。報社負責人及總編輯全數被捕。〔註32〕軍法處追究《自由報》報社人員最急。王白淵被捕，蘇新逃往上海。林茂生、宋斐如、王添燈等輿論領袖被殺。〔註33〕

（二）臺灣留日學生的請願抗議活動

首先是楊肇嘉對行政長官公署制度的抗議活動。楊肇嘉對臺灣設置行政長官公署嚴重不滿，認爲它和殖民統治時期的總督府一樣，是對臺灣人的不公。1946 年 7 月 18 日，楊肇嘉率領閩臺建設協進會上海分會、臺灣重建協會上海分會、福建旅滬同鄉會、上海興安會館、上海三山會館、臺灣政治建設協會六個團體的代表到南京請願，要求撤廢《臺灣行政長官公署條例》，改設省政府；禁止臺灣銀行發行臺幣，以防壟斷金融；取消臺灣專賣統制及官營貿易企業制度等。9 月 25 日，他被捕入獄 37 天之後，最後被審判戰犯軍事法庭作不起訴處理。〔註34〕

其次，留日學生李東輝、邱文澤、廖德雄、周金波、劉英昌、陳炳基等人，先後組織發動的青年學生的遊行示威活動。

光復初有大批留日學生滯留日本，根據長官公署教育處規定，專科以上學校理、工、農、醫各科學生可以繼續留在日本學習，其它都要回臺。1946年 3 月 15 前到教育處登記並插到各學校學習的留日學生就有 819 人，隨後還

〔註30〕　前引莊惠惇：《戰後初期臺灣的雜誌文化》，第 65 頁。
〔註31〕　蘇新：《未歸的臺共鬥魂——蘇新自傳與文集》，第 65 頁。
〔註32〕　《臺灣旅京滬七團體關於臺灣事件報告書》，臺省文獻委員會：《二二八事件文獻補錄》，第 693 頁。
〔註33〕　蘇新：《未歸的臺共鬥魂——蘇新自傳與文集》，第 70 頁。
〔註34〕　《楊肇嘉回憶錄》，臺北，三民書局，1967 年版，第 354、361 頁。

有 6 月底截止的一期登記，又有 429 人分到各校學習。〔註 35〕大批滯留在日本的留日學生生活困難，回臺灣後又無法馬上入學，因此對臺灣行政長官公署嚴重不滿。「據聞在二二八前後，有三萬多名留學日本的留學生回臺後，都無法入學，不管在語言和文字上均不能溝通，很難在臺灣求得一官半職。許多人甚至打算前往日本，以謀生存。」〔註 36〕

彭明敏回憶劉慶瑞時，對臺灣留日學生回臺後的艱難處境也有生動的描述。劉慶瑞，1923 年 2 月生，臺中市南屯人，考入以自由聞名的京都第三高等學校，因成績優異被保送到東京帝大法學部。戰後，「懷著滿腔的熱情和希望，回到祖國的懷抱。可是他回來看到光復後臺灣的現實，不免有些失望。」他在極惡劣的情緒之下，於 1946 年，跟其它大約 30 名的留日學生，被迫轉入臺灣大學法學院補修學分。〔註 37〕

據陳火桐回憶，當時，臺灣大學政經系一、二、三年級共有 97 位從日本各大學回臺的臺灣人。他們對教育當局不滿，以李東輝、邱文澤爲首的學生公然在報紙上批評臺灣的教育制度，並組請願團向林茂生、連震東、黃朝琴、游彌堅等人陳情。最後，長官公署讓請願的學生進臺灣大學就讀，才化解了一場危機重重的紛爭。陳火桐，1943 年留學東京法政大學，1946 年 10 月進入臺灣大學政經系。〔註 38〕

1946 年 5 月 4 日，臺灣各地舉辦紀念「五四」的活動，留日學生乘機發動示威遊行。臺北商校學生自治會會長廖德雄，聯合臺灣商工、臺北工業、成功中學、延平學院、臺北商業學校等幾所學校的學生，進行遊行示威活動。遊行結束時，廖進平、呂伯雄攜帶抗議書面呈陳儀。〔註 39〕基隆中學校長吳劍青，聯和基隆市水產學校、家政女校、商業專修學校，發起了臺灣首次「五四」學生大遊行，反對貪官污吏、爭取自由。東京帝大畢業的基隆中學英文教師張國雄，也是參加反對活動的積極分子。〔註 40〕日本大學齒科畢業的周金波，時任三青團基隆分會文化部長，動員基隆市的學生及外島管訓回來的

〔註35〕《臺灣省行政長官公署教育處報告》，《臺灣光復和光復後五年省情》（下），第 369 頁、399 頁。
〔註36〕前引《柯臺山口述》，第 74 頁。
〔註37〕彭明敏：《追念劉慶瑞教授》，《傳記文學》，第 1 卷，第 4 期。
〔註38〕應大偉：《臺灣人檔案（一）》，臺北，第 151 頁，陳火桐傳。
〔註39〕黃富三：《廖德雄先生訪問紀錄》，《口述歷史》第 4 期，第 60 頁。
〔註40〕許雪姬等：《戒嚴時期臺北地區政治案件口述歷史》第 1 輯，中研院近代史所，1999 年，第 275 頁。

「友仔」敲鑼打鼓，共約千餘人，遊行至派出所、市警局示威。〔註41〕

1946 年 12 月 12 日，臺北學生舉行反美遊行，早晨先在中山堂開會，參與的政治團體和群眾很多，大會由學生大會發展成市民大會。大會主持人為三青團的劉英昌，他請林茂生發表演講。後來，呂伯雄、郭國基等人爭搶著要演講。事後，警備司令部密令逮捕遊行組織者劉英昌和陳炳基。李友邦私下通知二人逃匿。〔註42〕

（三）留日學生在參議會裏的鬥爭

在省縣市各級參議會裏，留日學生對行政專制、軍紀不良、官吏貪污、省籍歧視、治安日壞、糧荒嚴重等敏感問題，提出尖銳的質詢。這些質詢通過報紙傳到社會上，對臺灣民心影響也十分巨大。

首先，省參議員顏欽賢和郭國基對公署官員的兩次重要質詢活動，鬥爭十分激烈。

顏欽賢聲援遊行示威的學生。5 月 4 日，在基隆參加遊行者遭當地警察特務的毆打逮捕。基隆市省參議員顏欽賢便通過陳逸松找到學生聯盟領導幹部之一的吳克泰，要求吳克泰動員學生到省參議會抗議，要求政府查辦放人。5 月 11 日，顏欽賢突然在省參議會提出緊急動議，要求警務處長與基隆警察局長出席參議會，說明學生「五四」遊行遭到毆打的事件。接著，省參議會秘書長連震東宣讀了臺北市各學校學生代表遞交有關該事件的請願書。省參議會乃派顏欽賢、林日高、劉傳來、林連宗等往基隆調查，據其結果再決定參議會的態度。〔註43〕

郭國基對陳儀和范壽康的批評，影響很大。他向陳儀力爭臺灣為失土重光，並非軍事上的佔領地，實應早日結束軍政，撤銷行政長官公署成立省政府，實施地方自治儘量起用臺灣本省人。陳儀則以「臺灣無政治人才」回應，並說「罵官的人，都是愛做官的人」。郭國基則說「你既知臺灣無政治人才，理應大量栽培之；我郭國基雖罵官，但絕不做官」，這成為郭國基後來不參加縣市長選舉的原因。〔註44〕

據《民報》刊載，4 月 29 日，公署教育處長范壽康在臺省地方行政幹部訓練團演講稱，臺胞抱有「獨立」思想，排擠外省員工，有「以臺治臺」的

〔註41〕應大偉：《臺灣人檔案（一）》，第 54 頁。
〔註42〕藍博洲：《沉屍流亡二二八》，臺北，時報文化出版公司，1993 年，第 80 頁。
〔註43〕前引藍博洲：《沉屍流亡二二八》，第 51 頁。
〔註44〕鄭梓：《本土精英與議會政治》，臺灣，自刊，1985 年 6 月，第 36 頁。

觀念，對於本省諸工作抱旁觀態度，以及完全奴化等語。〔註45〕

　　5月1日，省參議會開議第一天，郭國基提出質詢，認為范壽康辱沒本省同胞名譽。大會決議派郭國基、蘇維梁兩人調查真相。5月7日，郭國基提出了駁斥范壽康的調查報告，其要點是：（1）關於本省人是否有獨立思想問題，郭國基認為，本省人始終心向祖國。鄭成功是本省人忠貞明證。日據時期，臺灣人不斷革命，心歸祖國，保存本國文化。（2）關於排斥來臺外省人問題，郭國基認為本省人排斥的是貪污腐敗的外省人，而擁護純良的公務員。（3）關於「臺人治臺」的主張，郭國基認為臺灣為中華民國領土，臺人是中華民國國民，自治自強是合理要求。（4）郭國基批駁了所謂「臺胞完全奴化」的觀點，認為臺人在歷次革命運動中都對國家盡忠、對民族盡孝。（5）關於臺胞對於施政態度冷漠問題，郭國基認為政治大權多操在外省人手中，本省人無法發揮政治意識；本省人關心國家關心政治。同日，劉傳來、韓石泉兩位參議員為顧全大局，提出臨時動議，將此事歸諸於范處長國語發言不准，引起誤會，讓他將講話內容發表在報上，以消除誤會。這些批評都被記者做了報導〔註46〕。

　　其次，各縣市參議會裏的臺灣留日學生，都有激烈批評時政的現象，此處僅舉兩例說明。

　　高雄市議會。軍統出身的高雄市長連謀，曾帶一些福建惠安同鄉到高雄做官。1946年4月16日上午，郭國基在市議會激烈批評連謀說，「當今高雄市政府，已成惠安的殖民地了。」這引起了泫然大波。〔註47〕

　　臺中縣議會。不滿選舉風紀的莊垂勝，向監察委員劉文島說「此次『國大代表』、『立法委員』選舉的時候，發現了一個人替一里一村投票的情形，一個人投下幾十張、幾百張選票，像這種情形，不加取締，不謀改進，將來說八月十五是中秋，月亮會圓，誰也不會再相信了。」〔註48〕

（四）留日學生通過學校教育反抗公署當局

　　日據時期，留日學生在教育和醫療行業的勢力最大。據吳文星研究，「直到1945年9月，總督府各級官吏中，敕任官161人，臺人僅有臺北帝大教授杜聰明一人；奏任官2120人，臺人僅29人，含行政、司法高等官、教師、

〔註45〕前引鄭梓：《本土精英與議會政治》，第32頁。
〔註46〕韓石泉：《六十回憶》，臺北，1966年6月，第68、69頁。
〔註47〕張炎憲等：《臺灣近代名人誌》第4冊，第178頁。
〔註48〕張炎憲等：《臺灣近代名人誌》第4冊，第147頁。

校長、公立醫院院長等；判任官 21198 人，臺人僅 3726 人，以公學校教師爲主。」〔註 49〕

　　光復後，由於到臺灣接收的教育幹部人數太少，匆促接收，專業人員有限。不得不依靠既有的教師和教幹。1945 年 10 月 9 日，臺灣省教育處長趙乃傳率領首批工作人員 12 人赴臺灣接收。11 月 19 日，第二批工作人員程蘊良等 17 人抵達臺灣，各級校長陸續派定。〔註 50〕幾十名從中國大陸來的教育官員，對於臺灣教育來說眞是杯水車薪，根本不可能左右臺灣的教育形勢。「光復之初，羅東鮮少外省教師前來任教，大都是日據時期留下來的臺籍教員。」〔註 51〕所以，臺灣的教師還是以日據時期留下來的爲主，裏面有大批留日學生。他們深深地影響著整個教育。例如，臺北市的建國中學校長陳文彬，原爲日本法政大學教授，網羅不少東京帝大等名校畢業的留日高材生至建國中學任教。建國中學遂成頗有號召力的名校。〔註 52〕1946 年，高明柏所就讀的開南商工，「有一位日本東京駒澤大學畢業，教哲學的臺大講師陳炯澤，也在開南兼課，啓發我對社會主義經濟的初步理解。」〔註 53〕

　　臺灣留日學生創辦的延平學院是最典型的例子。

　　創辦延平學院的目的：「正是要給這混亂、昏昧的社會一線光明，我們要當荒野暗夜中的熒光」，「要救濟臺灣人的失學者」。〔註 54〕從這個辦學的目的來看，校長朱昭陽對當局的不滿十分明顯。他不滿的思想根源是日本政治文化的深刻影響。他評價臺灣光復說，「只是走了一個有效率、重法紀的異族近代化的殖民統治者，來了一個貪污枉法、同族的封建式殖民統治者。」〔註 55〕這是根據「大和民族優越論」得出的結論，充滿著偏見，是一種日本軍國主義者的腔調。

〔註 49〕吳文星：《日據時期臺灣社會領導階層之研究》，臺北，正中書局 1992，第 202 頁。

〔註 50〕陳三井：《臺灣光復的序曲：復臺準備與接收》，《抗戰與臺灣光復史料輯要》，第 97 頁。

〔註 51〕《張楊純女士訪問紀錄》，行政院「二二八事件」研究小組：《附錄二　重要口述歷史（二）》。

〔註 52〕戴國煇、葉芸芸著：《愛憎二二八》，臺北，遠流出版社，1992 年，第 2 頁。

〔註 53〕許雪姬、呂芳上等：《高明柏先生訪問紀錄》，《戒嚴時期臺北地區政治案件口述歷史》，第 21 頁。

〔註 54〕朱昭陽口述、吳君瑩記錄、林忠勝撰述：《朱昭陽回憶錄》，臺北，前衛出版社，1994 年，第 66 頁。

〔註 55〕同上書，第 91 頁。

延平學院的專任教師，大多出身於東京帝國大學。延平學院的學生廖天欣回憶說，由於教師思想較為自由、開放，延平學院內反國民政府的風氣很盛，利用傳單、演講批評政府的情形隨處可見。校長朱昭陽還撰寫《中美商約之評論》一書，批評行政長官公署的經貿政策，把臺灣經濟衰退的原因全部歸結於政策不當。這種校風對學生影響很大。〔註56〕「二二八事變」時，延平學院的學生主動參加抗議遊行。其學生葉紀東被通緝。事後，該校以藏有武器和「興華共和國」旗幟被勒令停辦。〔註57〕

（五）在各種聚會、會議上批評時政

臺灣留日學生在各種各樣的演講會、集會、聚會上，發表自己的政治主張，批評時政，往往更加毫無顧忌更加具有迷惑性，因而其影響力甚至超過公開的報導宣傳。此類情況很多，本文僅舉例說明。廖文毅在島上公開演講旅行，講述有關「實施憲法疑問」，宣傳人民有批評政府之權。〔註58〕為了歡迎剛從中國大陸回臺的柯臺山，林茂生等為代表的臺北各界人士於1946年3月20日在蓬萊閣召開大會。數百人參加，王添燈致歡迎詞。之後，陳逢源、黃朝生、張晴川、陳春金等人發言，激烈批評臺灣政治、經濟、社會等各方面的狀況。第一批回臺灣的人，對行政長官公署的批評更加嚴厲。〔註59〕

1946年9月7日，謝南光返回臺灣，11日，臺北市長游彌堅在中山堂舉辦歡迎會。謝南光發表題為《為民主政治而奮鬥》的演講，刊登於次日各大報紙上。13日，即謝南光離臺的前一天，「臺灣省政治協會」、「臺灣省文化進會」、記者公會、教育會、婦女會五團體為他舉辦盛大的演講會，聽眾約兩千人，擠滿了中山堂，演講內容通過廣播電臺轉播，題目是《民主政治與民主風度》。在這兩次演講中，謝南光都批評陳儀政府沒有貫徹三民主義、實行真正的民主，要求實行普選，否則永遠不能消除政治腐敗。這引起臺灣民眾強烈反響，他們紛紛要求謝南光回臺灣爭取民主。〔註60〕

〔註56〕《廖天欣訪問記錄》，行政院研究「二二八事件」小組：《附錄二　重要口述歷史（二）》。

〔註57〕《朱華陽訪問紀錄》，許雪姬等：《戒嚴時期臺北地區政治案件口述歷史三》，第931頁。

〔註58〕鍾逸人：《煉獄餘生錄》，第106頁。

〔註59〕許雪姬：《柯臺山先生訪問紀錄》，臺北，中研院近代史所，1997年，第66頁。

〔註60〕何義麟：《被遺忘的半山——謝南光（下）》，《臺灣史料研究》，1994年，第4號。

　　1945 年 10 月間參與接收並任第一任宜蘭市長的陳金波，目睹臺灣官僚貪污腐化，政治熱情由高昂轉消極。1946 年 10 月，在宜蘭中山國小「光復節」演講中，他嚴厲批評行公署的施政，認為它不能治理好臺灣。〔註61〕

　　除了上述五種反抗方式之外，留日學生還通過各種管道向國民黨中央反映臺灣的情況。林衡道向國民黨中央清查團的劉文島建議：「肅清貪污瀆職；黨與政府的一切措施，都該充分顧及當地人民的習俗及生活感情；工廠開放民營；解決糧食問題。」〔註62〕1946 年 12 月，國民黨的「制憲國民代表大會」在南京召開，藍敏請求自己的公公徐永昌部長接見臺灣代表，徐永昌便很客氣地請顏欽賢、陳啓清、劉明朝、連震東、李萬居到自己的公館，仔細聆聽他們對光復後臺灣的意見。〔註63〕

　　總之，事變之前，臺灣已經是山雨欲來風滿樓了，「二二八事變」只不過是以上這些反抗鬥爭的繼續和激化而已。

第二節　事變中臺灣留日學生領導的活動

　　在事變中，留日學生非常積極地參加活動，在各地各項活動中基本上處於領導地位。他們的活動分為兩類：一類是參加「二二八事件處理委員會」等組織的活動的，這些人有當地的官僚、「三青團員」、民意代表、士紳等，在政治上起領導作用。這類人的活動最容易被官方掌握，留下記錄。一類是自發自由活動的，多為對現實不滿或抱有理想者，這些人的活動很多，也具有更強的破壞性，但不容易留下記錄。下面分類記述之。

一、參加各地「處委會」留日學生的活動

　　事變中，17 個城市成立「二二八事件處理委員會或分會」（以下簡稱「處委會」），成為這場嚴重的政治紛爭的主角。參加各地「處委會」的社會階層很多，但以留日學生勢力最大。事變中，「處委會」實際上是政治領導者，它決定了事變的過程必然是臺灣社會精英和國民黨既鬥爭又妥協，事變的目的是爭奪臺灣人的政治利益。「處委會有一份名單以優秀的臺人來接掌部分要

〔註61〕范燕秋：《日治時期宜蘭地區政治運動領導者——陳金波醫師》，臺北，《宜蘭文獻》，1995 年第 16 期，第 74 頁。
〔註62〕前引《林衡道先生訪問記錄》，第 68 頁。
〔註63〕同前引許雪姬：《藍敏先生訪問紀錄》，第 113 頁。

職，如『林茂生當臺大校長、吳鴻麒當臺灣高等法院院長、施江南當臺大醫院院長、林旭屏當專賣局長等』」〔註64〕「我們的口號是改進臺灣政治。中華民國萬歲。國民政府萬歲。蔣主席萬歲。」〔註65〕

（一）留日學生爭奪各縣市「處委會」領導權

事變發生後，情況十分混亂，對現實不滿和具有文化資本的留日學生都蠢蠢欲動。例如，2月27日晚，陳逸松、王井泉、王育霖在臺北市山水亭喝酒，聽說發生事件，出來察看騷擾情況。王育霖判斷「很可能發展成大型政治鬥爭，吾等出頭的日子，很快就會到來亦未可知。」〔註66〕3～5日，全省各縣市「處委會」紛紛成立後，行政長官公署權力已經被架空，因此，對「處委會」提出的要求均答應。各地「處委會」實際上成了各地的政府，其負責人實際上也成了各地政府的領導人。因而，留日學生紛紛爭奪全省各地「處委會」的領導權。

留日學生爭奪「處委會」領導權的方式主要有下列幾種：

第一，依靠政府官員、省議員、縣市參議員等既有的政治優勢控制當地的「處委會」。臺北市、新竹縣、彰化市、高雄市等屬於這一類，「處委會」主任委員都由縣市參議長兼任。

臺北市「處委會」擔負整合民意並與官方進行交涉的重任，一度幾乎取代公署成為實際行政單位。因此，它裏面的奪權鬥爭最激烈。2月28日到3月3日，臺北市「緝私血案調查委員會」和「處委會」的權力，實際上掌握在周延壽、黃朝琴、游彌堅等人手裏，並由他們代表群眾與陳儀交涉。圍繞這個權力的鬥爭十分激烈。3月1日的「緝煙血案調查委員會」成立大會上，黃朝琴、連震東等被罵為走狗，「是替政府說話的，不要理他」。黃朝琴在會上轉告陳儀的意見，要大家冷靜處置，反對提出「反對外省人」的口號。會議中有一、二十人起來反對黃朝琴和周延壽主持會議。〔註67〕

3月2日以後，「處委會」改組和擴大過程中，陳逸松和蔣渭川等爭奪「處

〔註64〕《黃紀男先生訪問紀錄》，《口述歷史》第4期，中研院近代史研究所，1993年2月，第86頁。

〔註65〕《處理委員會發出告全國同胞書》，《臺灣新生報》，臺北，民國36年3月7日，第一版。

〔註66〕王育德：《吾兄王育霖之死》，臺灣省文獻委員：《二二八事件文獻補錄》，第780頁。

〔註67〕前引《朝琴回憶錄》，第273、274頁。

委會」的控制權，其背後有派系鬥爭的背景，蔣渭川受公署支持。3月5日，「處委會」改由陳逸松任主席。他是唯一在臺北市的國民參政員，也是應陳儀之邀出面協助處理事變的。〔註68〕在陳逸松的主持下，通過「處委會」組織大綱和八項政治改革主張。王添燈則掌握了最重要的宣傳大權。「處委會」內部的分歧和鬥爭，被行政長官公署和軍方利用。〔註69〕

臺中市的「處委會」，始終存在著留日學生和謝雪紅爭奪權力的鬥爭。3月4日下午，臺中地區「處委會」成立，莊垂勝主持，謝雪紅報告各地情況。莊垂勝命吳振武指揮「治安隊」，以牽制謝雪紅的「作戰本部」。3月11日晚，「處委會」委員莊垂勝、黃朝清、葉榮鐘、巫永昌、謝雪紅等舉行最後一次會議。大部分主張解散，但謝雪紅反對。黃國書曾和臺中「處委會」的主要人物秘密接觸，商議反對謝雪紅的對策。因此當「二七部隊」退至埔里後，「處委會」就自動交出武器，向21師投降。〔註70〕

第二，依靠「三青團」的勢力控制「處委會」。臺南市的韓石泉、嘉義市的陳復志、屏東市的葉秋木、花蓮縣的許錫謙等，都是當地「三青團」的負責人。例如，「三青團」嘉義分團與嘉義市參議會於3月3日正式成立「嘉義三・二處理委員會」，並組織嘉義防衛司令部。陳復志被推為主任委員、防衛司令、嘉義市長。〔註71〕

第三，依靠社會地位和聲望控制當地的「處委會」，如宜蘭的郭章垣、澎湖的許整景等。臺北縣宜蘭鎮成立「處委會」，郭章垣任主任委員。黃再壽、陳金波、游如川為副主任委員。宜蘭火車站站長林坤擔任交通組委員，葉風鼓擔任保安委員兼組長，蘇耀邦擔任總務組委員。〔註72〕郭章垣是宜蘭醫院院長，為人耿直且無派系色彩，敢做敢當，遂被推為主任委員。〔註73〕許整景，京都帝大畢業，時任澎湖要塞司令部軍醫處主任。〔註74〕

〔註68〕陳翠蓮：《派系鬥爭與權謀政治——二二八悲劇的另一面相》，臺北，時報出版社，1995年，第277頁。

〔註69〕黃富三：《「二二八事件處理委員會」與二二八事件》，前引《臺灣光復初期歷史》，第146頁。

〔註70〕《陳明忠先生口述》，臺灣省文獻委員會：《二二八事件文獻續錄》，第714頁。

〔註71〕張炎憲：《陳復志》《嘉義驛前二二八》，臺北，吳三連史料基金會，1995年2月，第18頁。

〔註72〕《林金春訪問紀錄》，行政院研究「二二八事件」小組：《附錄二　重要口述歷史（一）》，臺北，1992年。

〔註73〕郭勝華：《二二八血淚憶從頭——家父郭章垣殉難始末》，《走出二二八的陰影》。

〔註74〕許雪姬：《許整景先生訪問紀錄》，《口述歷史》第3期，第296頁。

表 2-2 留日學生控制的各縣市處理委員會一覽表

縣　　市	成立時間	主任委員	骨　幹　成　員	備　註
全省性	3月6日		陳逸松、連震東、林連宗、黃國書、周延壽、黃朝琴、蘇維梁、郭國基、王添燈等。	占 17 個常委的 53%
臺北市	2月28日		周延壽、黃朝琴、游彌堅、陳逸松、連震東、黃國書、顏欽賢、杜聰明、林忠、劉明朝、彭德、丁瑞彬、劉闊才、林璧輝、林連宗等	
基隆市			郭守義、楊阿壽、楊金波等	
新竹縣		黃運金	朱盛淇、劉梓勝等	
屏東縣	3月4日	張吉甫	副議長葉秋木、黃聯登等	葉秋木掌實權
嘉義市	3月3日	陳復志		
彰化市		吳蘅秋	呂世明、蘇振輝、陳滿盈等	
臺中市	3月4日	莊垂勝	林連宗、黃朝清、吳振武、李碧鏘、葉榮鐘、張煥珪、莊垂勝、巫永昌、張深鑐等	
臺中縣		陳水潭	林碧梧、羅安、王金海、黃棟、巫永勝、張水蒼等	
臺南市		韓石泉	湯德章、黃百祿、莊孟侯、陳天順、翁金護、沈榮等	
高雄市	3月5日	彭清靠	謝有用等	
花蓮縣			黃福壽、許錫謙等	許錫謙掌權
澎湖縣	3月5日	許整景		無事發生

資料來源：行政院研究「二二八事件」小組：《柯遠芬暨彭孟緝回憶錄》。楊亮功、何漢文：《二二八事變調查報告》，臺灣省文獻委員會：《二二八事件文獻續錄》。許雪姬等：《高雄市二二八相關人物訪問記錄》（上）、（中）、（下）。《臺灣新生報》，1947 年 3 月 6 日，彰化訊。《情形簡表》，臺灣省文獻委員會：《二二八事件文獻輯錄》。謝碧連：《二二八事件在臺南市與湯德章律師之遇難》，《臺南文化》第 42 期。

（二）「處委會」裏留日學生領導的各項重大活動

1. 事變發生後，官民矛盾十分緊張，臺灣行政長官公署失去了人民的信任。3 月 1 日前後，公署就退居幕後活動。〔註75〕「處委會」代替公署起草處

〔註75〕前引《朝琴回憶錄》，第 253 頁。

理事件和政治改革的辦法或大綱。而這些影響事件發展進程代表著事件性質的重要文件，都是由臺灣留日學生主持製定的。第一次的事件處理六項決議，是周延壽主持製定的。2月28日下午2時，市內煙販代表5人請臺北市議會出面調處，市參議長周延壽乃召開緊急會議，期能解決衝突。〔註76〕省參議會議長黃朝琴、市長游彌堅和臺北市參議員參加。會議製定六項決議：立即解除戒嚴令；依法嚴辦兇手；撫恤死傷者；由市參議會及市參議員、參政員、「國大代表」組織本案調查委員會，辦理本案；公務員在市內取締專賣品時，不得攜槍；因本案被捕之市民應即開釋。〔註77〕這六項決議的要害，是留日學生要掌握處理慘案的主動權，因為參議員、參政員和「國大代表」都以留日學生為主。

在陳逸松主持下，3月5日下午，「處委會」會議通過組織大綱和《政治根本改革草案》。陳逸松和李萬居起草的這個組織大綱，「以處理事變與改革政治為宗旨」。〔註78〕

「處委會」兩個最重要的文件，即3月4日的八項決議和著名的「三十二條處理大綱」，由王添燈主持，蘇新、潘欽信、蔡慶榮、蕭來福等留日學生在幕後草擬。王添燈派人找蘇新幫忙。《自由報》的蘇新、蔡慶榮、蕭來福、潘欽信等就組織了「對策委員會」，蔡慶榮任秘書。主要任務是阻止「處委會」的妥協行為，利用王添燈的地位進行公開宣傳，在全省人民面前揭露公署罪行，推動各地鬥爭。該會替王添燈起草演講稿和廣播稿。〔註79〕

3月4日，「處委會」決議計有八項，其中最重要的兩項：一是請求柯遠芬參謀長遵守3日的諾言，全面禁止士兵武裝出門；二是擴大「處委會」為全省性組織，即通告全省各縣市參議會，以參議會為主體，組織事件「處委會」，並選派代表參加臺北市的全省性「處委會」。〔註80〕

上述所有重要檔的內容，可歸納為兩大類，一是關於處理緝煙血案具體問題的，一是關於政治改革的。政治改革的內容又可歸納為三點：在政治體制上，建立高度地方自治制度；在經濟體制上，撤銷專賣局、貿易局、以及

〔註76〕林木順：《臺灣二月革命》，臺北，前衛出版社，1990年，第15頁。
〔註77〕《臺灣新生報》，1947年2月28日。
〔註78〕《陳逸松訪問記錄》，陳翠蓮：《派系鬥爭與權謀政治──二二八悲劇的另一面相》，附錄，第474頁。
〔註79〕前引《未歸的臺共鬥魂──蘇新自傳與文集》，第69頁。
〔註80〕《臺灣新生報》，1947年3月5日。

本省人參與公營事業經營等；在軍政作風上，改良政風、軍紀等。這些要求不僅超出了國民黨政府所能接受的程度，更直接危及了公署軍政官員的政治經濟利益，必然遭到強烈反對。

　　2.「處委會」裏面的留日學生，在官民之間起著中介作用，負責聽取民意並和官方談判。它既依靠群眾向官方施加壓力要求改革，但又不敢徹底背叛官方，始終和官方保持聯繫。3月6日以前，「處委會」減緩了官民矛盾。3月5日，臺北市秩序已完全恢復，商店開業，交通恢復，學生復課，治安也明顯轉好，「忠義服務隊」隊員有時也懲處一、二個違法的臺灣人。〔註81〕3月6日以後，「處委會」提出了政治改革大綱，則激化了官民矛盾，導致「處委會」和公署關係決裂。由陳儀取名並認可的「處委會」，其性質也由合法組織變成了非法組織。〔註82〕

　　2月28日、3月1、2、3、7、8日「處委會」代表六次會見陳儀，協商解決問題的方案。這六批代表都以留日學生為主。第一次，黃朝琴率領臺北市議員去公署向陳儀提出六項建議，陳儀表示接受。〔註83〕會見結束後，周延壽、黃朝琴、謝娥，和警備總司令部參謀長柯遠芬去電臺廣播，以息紛爭。黃朝琴、周延壽都勸告民眾信任代表們與當局交涉，靜候合理解決。但是，群眾並不信任黃朝琴等人，罵他們為「走狗」。黃朝琴的住宅也被搗毀。

　　第二次，黃朝琴、周延壽、王添燈、林忠等去見陳儀，請求解除臨時戒嚴，開釋被捕人員，組織官民合組的「事變處委會」，從寬處理。下午5時，陳儀首次向全省廣播，同意組織「處委會」處理事件。〔註84〕第三次，2日中午12時，「處委會」全體委員往見陳儀，請求從寬處理民眾示威案件，陳儀同意。〔註85〕第四次，3月3日，劉明朝、林忠、王添燈及民眾代表共20多人代表「處委會」，赴公署會見陳儀。第五次，3月7日傍晚，黃朝琴、王添燈、吳國信等15人將《三十二條處理大綱》及十項要求面呈陳儀，遭到斷然拒絕。第六次，8日，「處委會」委員分別去見陳儀和柯遠芬，但陳儀拒絕見黃朝琴等人。游彌堅急召蔣渭川、周延壽、吳春霖、王添燈、劉明、劉明朝、

〔註81〕黃富三：《「二二八事件處理委員會」與二二八事件》，前引《臺灣光復初期歷史》，第146頁。
〔註82〕黃富三：《「二二八事件處理委員會」與二二八事件》，前引《臺灣光復初期歷史》，第138頁。
〔註83〕《二二八事件的經過》，《臺灣新生報》，1947年3月3日。
〔註84〕行政院研究「二二八事件」小組：《柯遠芬暨彭孟緝回憶錄》，第15～16頁。
〔註85〕《臺灣新生報》，1947年3年3日。

劉啓光等十多人，在市長辦公室商議補救措施。黃朝琴、連震東、黃國書等人則集結部分「處委會」委員，在中山堂開會協商善後辦法。隨後，「處委會」態度全變，發表聲明，推翻昨日通過的決議案，並呼籲復學復工。但是，10日，「處委會」就被陳儀宣佈爲非法組織，予以取締。〔註86〕

　　代表「處委會」和軍方接觸的，也以臺灣留日學生爲主。3月4日，黃朝琴、顏欽賢、張晴川三人代表「處委會」會見柯遠芬參謀長，要求禁止部隊再出現街頭，部隊外出購買食品，不必帶武器等。〔註87〕次日，杜聰明、林忠、張晴川等三人再次代表「處委會」赴警備總司令部會見柯遠芬長，詢問嘉義、竹東、羅東、臺東等地軍民衝突情況。柯遠芬許諾，以後各地軍隊外出時，禁止攜帶武器。〔註88〕

　　屏東市，4日，葉秋木到機場要求空軍及駐軍投降，但爲劉連長所拒。葉秋木和黃聯登等4人又到憲兵隊進行談判。〔註89〕彰化市。市長王一麐作「處委會」和長官公署的聯絡工作，「處委會」一直和上級有聯繫。「處委會」也和去臺中的黃國書中將聯繫。3月11日「處委會」解散。持槍市民30多人因避國軍逃到八卦山，經呂世明、蘇振輝多次勸導，始於12日中午將槍支交回警局。〔註90〕3月6日，高雄市議長彭清靠、市長黃仲圖、李佛續、涂光明、范滄榕、曾豐明、林界，到高雄要塞司令部與彭孟緝司令談判。〔註91〕這7個人中只有李續佛、林界兩人不是留日學生。

　　臺南市，韓石泉乃出面疏導民眾，維持和平，提出處理事件四大原則：不擴大；不流血；不否認現有行政機構；政治問題用政治方法解決。他與市參議長黃百祿、侯全成、許丙丁、李國澤等人，奔走呼籲各界冷靜維持大局。臺南市因而犧牲最少。

　　嘉義市，民眾武裝與國軍對峙最久、戰事最激烈、雙方傷亡最大、最後被槍決的人數也最多。〔註92〕雙方談判也最多，都是留日學生陳復志、陳

〔註86〕賴澤涵等：《二二八事件研究報告》，臺北，時報出版社，1994年，第212頁。
〔註87〕唐賢龍：《臺灣事變內幕記》，鄧孔昭：《二二八事件資料集》，稻鄉出版社，1991年，第78頁。
〔註88〕同上，第83頁。
〔註89〕陳興唐主編：《臺灣二二八事件檔案史料》下卷，第551頁。
〔註90〕《彰化市二二八事件經過報告書》，陳興唐主編：《臺灣二二八事件檔案史料》下卷，第434頁。
〔註91〕前引許雪姬等：《高雄市二二八相關人員訪問記錄》（下），第72頁。
〔註92〕許雪姬：《臺灣光復初期的民變：以嘉義三二事件爲例》，前引《臺灣光復初

漢平、劉傳能等人主持。3 日上午,「處委會」派參議員來憲兵隊洽談,希望軍警退出市區,和平解決,但沒有談妥。4 日,「處委會」與退守嘉義中學山頂後的軍警談判,陳復志堅持軍警交出武器,營長羅迪光拒絕。軍警又退守飛機場。5 日,陳復志給飛機場打電話,謂陳漢平來嘉義宣慰,要求和談。警備總司令部派來的陳漢平,代替「處委會」向飛機場的軍方提出四個條件:軍隊仿照臺北辦法集中駐紮或回營房受「處委會」管理;繳械;清查放槍傷害臺灣人的士兵;「處委會」供應軍隊糧秣。6 日,羅營長與陳漢平、劉傳來、陳復志的談判沒有達成進一步協議。與此同時,劉傳能也奉陳漢平之命到機場和孫志俊市長談判。7 日,「處委會」恢復飛機場水電供應,劉傳能送來大米蔬菜等。8 日,劉傳能陪軍方代表孫志俊入嘉義市與陳復志等談判,但無結果。9 日,「處委會」再派人到飛機場協商,仍無結果。10 日,「處委會」又向軍方提出國軍駐守營內等 7 個議和條件,遭到孫市長和羅營長的拒絕。11 日,「處委會」決定到機場談判。潘木枝、陳復志、柯麟、劉傳來、林文樹、王鍾麟、陳澄波、邱鴛鴦 8 人去了飛機場,結果全部被捕。〔註 93〕

　　嘉義市「處委會」始終想以和平的方式解決問題,但它既不能控制蜂擁四起的民眾武裝,又想讓毫無安全感的軍警繳械,結果導致 7 次談判都失敗。

　　3. 「處委會」裏面的留日學生掌握著宣傳大權,負責向島內外說明事件進程、目的和真相,它促進了事件的發展。省廣播電臺長林忠、文書股總幹事陳亭卿、工程師陳嘉濱都是留日學生。〔註 94〕事變發生後,電臺迅速失控。電臺廣播嚴重地影響著整個事件的發展進程。

　　「處委會」宣傳組長王添燈掌握了宣傳大權。王添燈,早稻田大學函授生,做總督府官員時,「卻直言敢諫,不卑不亢。日人亦不以此為忤,反倒虛心領教,有過必改。」他參選省參議員時就要「為建設民主政治而奮鬥,民主統一國家才能實現」〔註 95〕他將「處委會」與陳儀交涉的事情每天晚上都向民眾播放。如前所述,他的發言稿廣播稿多是蘇新、潘欽信等人所寫。為

　　　　期歷史》,第 169 頁。
〔註93〕許雪姬:《臺灣光復初期的民變:以嘉義三二事件為例》,前引《臺灣光復初期歷史》,第 178～184 頁。
〔註94〕許雪姬:《徐水德先生訪問紀錄》,《日治時期在「滿洲」的臺灣人》,中研院,2002 年,第 246 頁。
〔註95〕王添燈:《我的政見》,臺北,《人民導報》,1946 年 4 月 12～13 日。

了擴大宣傳，除了廣播之外，還要控制一家報館。王添燈同《中外日報》社長林宗賢交涉，派蘇新去做臨時總編輯，控制了它。蘇新於 3 月 6 日、7 日連續撰寫社論，其中一篇《警告處理委員會的委員們！》。

　　3 月 6 日，王添燈向島內外廣播有關「二二八事件」真相全文，以消除各方疑慮。他說明「處委會」的目標，是「肅清貪官污吏，爭取本省政治的改革，不是要排斥外省同胞參與改善本省政治。」3 月 7 日傍晚，陳儀斷然拒絕接見「處委會」代表黃朝琴等人，雙方矛盾激化。王添燈到電臺要廣播，劉啓光勸阻未果。〔註 96〕王添燈乃播出：「處委會」使命完了，只有全體省民力量才能解決此次事件並達成合理要求，希望全體省民繼續奮鬥。〔註 97〕

　　嘉義市廣播電臺從 3 月 3 日開始就被「處委會」控制。嘉義市「處委會」通過它向全臺各地募集「志願軍」，結果導致嘉義市的民眾武裝最多，鬥爭形勢最複雜。〔註 98〕

　　4. 社會秩序失去控制，對經濟資本雄厚的留日學生最不利，所以，他們在「處委會」裏面還爭取各地的治安大權。

　　3 月 3 日，臺北市「處委會」做出決議，「民眾不可亂打外省同胞。」還決議組織由學生負責的自衛隊。下午四時，「處委會」治安組在臺北市警察局召開臺北市臨時治安委員會，委員黃朝生等 9 人，市長游彌堅、警察局長陳松堅、民眾代表許德輝、劉明，學生代表 20 多人參加。決議組織「忠義服務隊」，以許德輝爲隊長。〔註 99〕它吸收的成員主要是地痞流氓及部分學生、青年，組成後，取代軍警執勤，極爲活躍。「忠義服務隊」中有一些留日學生，例如，廖德雄還但任副隊長，負責警察、糧食兩組；傅少墩（中央大學肄業、曾任日軍少尉）、潘家澤（慶應大學肄業）、及蔡天賜（明治學院肄業）三人代表臺灣大學法商學院政治經濟分院參加該隊。〔註 100〕臺北師範學院的陳水木，熊本外語學校肄業，也參加「忠義服務隊」。〔註 101〕

〔註 96〕賴澤涵：《林忠先生訪問紀錄》，《口述歷史》，第 3 期，第 33 頁。
〔註 97〕前引林木順：《臺灣二月革命》，第 34 頁。
〔註 98〕前引許雪姬：《臺灣光復初期的民變：以嘉義三二事件爲例》，《臺灣光復初期歷史》，第 176 頁。
〔註 99〕行政長官公署：《事件紀要》──《事件日誌》，臺省文獻委員會：《二二八事件文獻續錄》，第 515 頁。
〔註 100〕前引《高雄市二二八相關人物訪問紀錄》（下），第 329 頁。
〔註 101〕前引《高雄市二二八相關人物訪問紀錄》（上），第 205 頁。

「臺北市忠義服務隊」，隸屬於林頂立任總隊長的「臺灣忠義服務隊總隊」。因此，臺北市的治安大權並不完全掌握在「處委會」手裏。〔註102〕

臺北縣，宜蘭「處委會」主任郭章垣請軍警和各機構負責人相互簽名宣誓，盡力維護和平秩序。〔註103〕基隆市「處委會」要求四個里組成「聯合里」，聯合起來進行自衛，並造冊上繳。〔註104〕苗栗縣，劉闊才是200多人的治安隊的隊長，負責維持當地治安。東京城西中學畢業的羅坤春，在銅鑼鄉組織了銅鑼治安隊，維護秩序。〔註105〕

臺中市，「處委會」控制的臺中師範學校治安隊，有400多人參加，負責臺中市的治安，由吳振武統領。3月5日前後，經過謝雪紅、吳振武和廠方代表李碧鏘的協商，吳振武的治安隊接管了空軍第三航空廠陸軍警衛隊的步槍，庫存的武器仍由廠中官兵保管。這避免了臺中市民武裝與三廠軍人的流血衝突。避難於臺中師範的兩百多名外省籍人士也得到了保護。總之，在莊垂勝等「處委會」委員的竭力疏導下，臺中市區的形勢比較安定。〔註106〕吳振武，東京高等師範學校體育科和海軍館山炮術學校畢業，日軍海軍大尉。日軍投降後，他被推舉為「海南島三亞地區臺灣兵遣送部長」，拒絕日軍司令官要他回日本的邀請，帶領3萬人回臺灣。〔註107〕

高雄市，「處委會」不僅要「維持法律和秩序」，「還要磋商改革，以供臺北的中央委員會作參考。」〔註108〕臺南市，3月2日晚，長榮中學教員李國澤率領工學院學生及流氓數百人包圍憲兵隊，不准憲兵出巡，竟謂治安由學生維持。〔註109〕4日，臺南市議長黃百祿親自請做過警察和律師的湯德章出來任治安組長，負責維持秩序。〔註110〕湯德章，1905年生，在中央大學法科留學2年，高等文官考試司法科及格。屏東市：4日下午成立的「處委會」屏東分會，在青年團成立治安本部，5日上午再成立屏東司令部。葉秋木領導隊

〔註102〕前引黃富三：《『二二八事件處理委員會』與二二八事件》，第144頁。
〔註103〕前引賴澤涵等：《二二八事件研究報告》，第141頁。
〔註104〕《楊金波訪問紀錄》，臺省文獻委員會：《二二八事件文獻續錄》，第120頁。
〔註105〕前引藍博洲：《沉屍流亡二二八》，第139頁。
〔註106〕張炎憲等：《臺灣近代名人誌》第4冊，臺北，自立晚報社，第214頁。
〔註107〕應大偉：《臺灣人檔案（之一）》，臺北，創意力文化公司，1995，第166～170頁。
〔註108〕《彭明敏口述記錄》，前引《二二八事件文獻補錄》，第153頁。
〔註109〕前引《柯遠芬暨彭孟緝回憶錄》，第20頁。
〔註110〕《蔡丁贊訪問紀錄》，行政院研究「二二八事件」小組：《附錄二 重要口述歷史（二）》，臺北，1992年。

伍進攻憲兵隊，脅迫空軍及駐軍繳械未成。〔註111〕

　　除了上述「處委會」裏面的留日學生在進行有組織的活動外，身爲軍政官員的留日學生游彌堅、黃國書、劉啓光、王民寧、蘇紹文、林頂立、陳漢平等人也奉上級命令到處活動，竭力安撫臺灣人，並積極爲軍事鎮壓而作準備。2月28日，臺北市長游彌堅參加陳儀召開的會議。隨後，游彌堅去勸導聚集的群衆。〔註112〕劉啓光主張以武力徹底鎮壓，而警備總司令參謀長柯遠芬、調查室主任陳達元、軍統臺灣站長林頂立則主張「以民衆的力量對抗民衆的力量」。〔註113〕林頂立號召臺胞擁護國民黨政府，調停奔走，又創辦《全民日報》以團結民心。

　　3月3日，警備總司令部暗中部署兵力，劃定臺北、基隆兩個警戒區；並劃定新竹、臺中兩個防衛區，由蘇紹文、黃國書分任防衛司令，嘉義以南由彭孟緝負責防範。蘇紹文率部隊恢復桃園秩序後，進駐新竹。3月4日，蘇紹文下令戒嚴，軍隊控制了桃竹苗一帶，恢復秩序，保護庫存的大量武器彈藥。3月9日，王民寧接任公署警務處長，以便降低「省籍意識」的抗爭，同時協助平定事變。臺灣警備司令部少將高參陳漢平，奉蔣介石之命竭力撫慰臺胞。〔註114〕

二、事變中在各地自發活動的臺灣留日學生

　　事變中，社會處於無序狀態，人活動的自由度很大，每個人的表現也不相同，臺灣留日學生這個社會階層也不例外。按照對公署和事件的態度，我把事變中留日學生的自發活動分爲兩大類：一是和公署合作幫助平息事件的活動，一是激烈反對公署並試圖擴大事態的活動。和公署合作者，一般是做官或民意代表的留日學生。激烈反對公署者一般是 1931 年以後特別是 1940 年代初在日本留學的人，他們深受日本軍國主義影響，有的還參加過日軍，鄙視國民黨官僚和軍警，認爲國民黨軍隊不堪一擊。這些人在現實中也往往不得志或失業。

〔註111〕李筱峰：《二二八消失的臺灣精英》，臺北，自立晚報社文化出版部，1990，第272頁。

〔註112〕柯遠芬：《事變十日記》，李敖編著：《二二八研究》，李敖出版社，1989年。

〔註113〕前引黃富三：《『二二八事件處理委員會』與二二八事件》，《臺灣光復初期歷史》，第140頁。

〔註114〕陳純瑩：《光復初期臺灣警政的接收與重建》，前引《臺灣光復初期歷史》，第46頁。

（一）留日學生有利於平息事件的自發活動

為事件平息而努力的留日學生很多，有李連春、林茂生、陳炘、楊肇嘉、陳重光、朱江淮等代表人物。這類活動大致上可分成堅守崗位、向官方提出善意的建議、維持治安、勸阻他人過火行為等幾種情況。

1. 提建議者。2 月 28 日，謝娥和糧食調劑委員會總幹事李連春向柯遠芬參謀長報告說，有群眾試圖擴大事態。柯遠芬乃打電話給陳儀，陳儀已經得到同樣報告，並命令警務處嚴加防範，並令軍人不要外出，以免引起軍民衝突。〔註 115〕謝娥，東京女子醫學專門學校畢業。3 月 4 日，林茂生在「處理委員會」，發表簡短的意見，督促他們要公平，要有建設性。同日，應長官公署顧問李擇一之邀，陳炘、蔣渭川、林梧村及學生代表共 30 多人赴長官公署會見陳儀，提出：事件乃過去一年失政所致；政治改革具體辦法由「處委會」研究；陳儀要和一般民眾接近。〔註 116〕陳炘反對陳儀把事變說成「造反」，曾制止其向大陸搬救兵。〔註 117〕

2. 勸阻他人過火行為者。3 月 4 日，「三青團」花蓮分團總幹事許錫謙在花崗山召開市民大會，收聽收音機的青年很激動，黃福壽勸他們不要盲動，認為國軍有力量。許錫謙率青年學生接收武器，但未鼓動打殺外省人。〔註 118〕嘉義農校代理校長蔡鵬飛，勸阻學生鬧事，主張和平解決保護外省人。蔡鵬飛，京都帝大農林經濟系畢業。〔註 119〕高雄市，黃順興因熟悉大陸軍政情況應邀參加市「三青團」團部會議，反對動員青年參戰，而做過日本士官的團組織長鄧某卻堅決主張參戰，還想回歸日本統治。會議最後接受了黃順興的建議。〔註 120〕早稻田大學畢業的林祺瑞，起來阻止「三青團」的黃占岸鼓動青年學生進攻軍隊。〔註 121〕彰化員林鎮副鎮長兼「處委會」副主委林朝業，勸阻青年暴亂。〔註 122〕花蓮市的黃進財，東京美術學校畢業，1947 年擔任首屆市民代表會主席。事件發生時任當地「處委會」副主

〔註 115〕前引《柯遠芬暨彭孟緝回憶錄》，第 12、19 頁

〔註 116〕《臺灣新生報》，1947 年 3 月 5 日。

〔註 117〕前引《陳槃谷口述》，第 3 頁。

〔註 118〕《黃福壽訪問紀錄》，前引《附錄二　重要口述歷史（二）》。

〔註 119〕《蔡鵬飛口述記錄》，前引《二二八事件文獻補錄》。

〔註 120〕黃順興：《走不完的路——黃順興自述》，臺北，自立晚報社，1990 年，第 89頁。

〔註 121〕《林祺瑞訪問記錄》，前引《附錄二　重要口述歷史（二）》。

〔註 122〕《林朝業口述》，前引《二二八事件文獻補錄》。

委，他在會議中以「煮豆燃豆期」力勸青年不要暴動。地方紳士許聰敏、林桂興等人讚揚他血濃於水的民族大義。花蓮的局勢因此得到了穩定。〔註 123〕

3. 堅守崗位者。臺電公司的副處長朱江淮、柯文德、蔡瑞唐等人，他們照料公司，保護不能正常上班的代總經理黃輝、協理柳德玉、機電處長孫運璿三位外省籍高官，保護財產保證供電。〔註 124〕臺中師範學校校長洪炎秋坐鎮學校，管束學生，不讓參加事變。

4. 自發起來維持治安者。3 月 1 日，臺北縣參政員林宗賢等人組織「服務隊」，勸阻民眾毆打外省人。3 月 3 日，臺南縣斗六眼科醫生陳纂地，號召青年學生退伍軍人組織「斗六治安維持會」，以鎮長吳景徽為會長。〔註 125〕臺南市北門區的吳新榮，召集地方精英楊木水、鄭春河等 11 人組織「北門區時局對策臨時委員會」，保衛鄉土維持治安〔註 126〕。

（二）留日學生激烈反對公署的自發活動

1. 在報刊電臺參議員教師等重要崗位上擅自行動者。2 月 28 日下午，電臺臺長林忠、文書股總幹事陳亭卿、工程師陳嘉濱迫於群眾壓力，讓一中年男子向全臺灣廣播昨晚緝煙事件並大肆抨擊政府的貪污腐敗。〔註 127〕次日，「電臺開始播出強烈的排華言論，群眾對此大加喝彩。」「南部某聞人以極富有煽動性的語調廣播：『自人類的歷史，割去支那，於人類毫無損失。』」〔註 128〕

事件發生後，《臺灣新生報》編輯趁機恢復了日文版，以後連續數日都有大幅報導「二二八事件」的各地消息。〔註 129〕《人民導報》社長宋斐如，把自己的汽車撥給記者使用，以采訪基隆臺北等各地之事。〔註 130〕《臺灣新生報》臺南分社記者楊熾昌等人，在臺南擅自出版日文版號外。板橋鎮省參議

〔註 123〕蔡慧玉：《保正、保甲書記、街莊役場——口述歷史之二》，《臺灣風物》，第44 卷 2 期，第 69 頁。

〔註 124〕朱江淮：《朱江淮回憶錄》（上），臺北，朱江淮文教基金會，2003 年，第 152頁。

〔註 125〕《情形簡表》，前引《二二八事件文獻輯錄》。

〔註 126〕《吳新榮回憶錄》，臺北，前衛出版社，1989 年，第 133 頁。

〔註 127〕許雪姬：《徐水德先生訪問紀錄》，《日治時期在「滿洲」的臺灣人》，第 246頁。

〔註 128〕前引《林衡道先生訪談錄》，第 251 頁、252 頁。

〔註 129〕前引《高雄市二二八相關人物訪問紀錄》（上），第 141 頁。

〔註 130〕《宋洪濤口述》，行政院研究二二八事變小組：《附錄二　重要口述歷史（一）》。

員林宗賢，命令《中外日報》攻擊陳儀政策不當。〔註131〕

東京帝大畢業的林旭屏，原是專賣局副局長。外省籍的局長躲起來了，林旭屏就應大家之邀出任局長。〔註132〕

臺北市參議員黃朝生，「勒令各公私立醫院，不得爲受傷外省人醫治。陰謀組織僞新華民國政府」省參議員林連宗，「強力接收臺灣高等法院第一分院，並自認院長」。臺北市律師公會會長李瑞漢召集律師公會會員開會，檢討時局，提出改革建議，要求「司法獨立」和「起用本省人」。李瑞漢、李瑞峰「強迫接收法院」。省參議員顏欽賢到公署工礦處，要求接收煤礦。〔註133〕

淡水中學校長陳能通，「發表荒謬言論，煽動學生響應臺北，招致流氓及青年學生在校內舉辦軍事訓練班，由訓導主任黃阿統主持反動組織。」〔註134〕新竹某中學美術教師範倬造，鼓動學生起來活動。〔註135〕屏東市，莊迎率眾前往市政府，要求市長龔履端做三件事：繳出印信；繳出軍警的武器彈藥；集中外省人。〔註136〕

2. 參加暴動或軍事活動者，此類留日學生以參加過日軍的爲多，擔任頭目的則多是日本軍校畢業，深受日本軍國主義影響。他們的行動激化矛盾刺激事件迅猛發展。

事變後，原日軍空軍人員出來組織航空大隊，一位大專生當選隊長。黃華昌當選副隊長。黃華昌，1929年生，日本大津、熊谷飛行學校畢業。3月5日左右，從廣播得知嘉義的民兵被國軍圍剿，黃華昌等人想奪取松山機場飛機援助嘉義民眾武裝，但計劃失敗。〔註137〕3月4日，李中志呼籲成立學生軍，但因當天下大雨未組成。〔註138〕

〔註131〕前引《臺灣二月革命》，鄧孔昭：《二二八事件資料集》，第130頁。

〔註132〕前引陳翠蓮：《陳逸松先生訪問記錄》，《派系鬥爭與權謀政治》附錄，第474頁。

〔註133〕前引《二二八消失的臺灣精英》第124頁。《陳儀呈蔣主席3月13日呈》之附件，中研院近代史研究所：《二二八事件資料選輯（二）》，1992年，第175〜177頁。

〔註134〕《臺灣二二八事變基隆區綏靖報告書》，中研院近代史所編：《二二八事件資料輯（三）》，第372頁。

〔註135〕謝里法：《出土臺灣人物誌》，第309頁。

〔註136〕《屏東政壇耆黃振三談二二八》，《臺灣時報》1993年2月28日。

〔註137〕《黃華昌先生訪問紀錄》，許雪姬、呂芳上、黃克吾：《戒嚴時期臺北地區政治案件口述歷史》第一輯，中研院近代史所，1999年，第520頁。

〔註138〕前引《高雄市二二八事件相關人物訪問紀錄》（下），第330頁。

　　鍾謙順爬貨車從臺北去新竹市，和葉炎霧帶人去新竹監獄。他曾做過日軍少佐，因而沉著冷靜，猛地擊倒一個衛兵，嚇跑其它的。他們打開監獄放跑犯人。〔註139〕葉炎霧，1934年前後在日本大學留學。回家後，鍾謙順在鎮裏的會議上，提議組織防衛團來治安和對抗大陸來的軍隊。他叫戶籍科長按照戶口簿召集曾受訓的原日軍人員和中學畢業生。自衛大隊分四個中隊，選當過少尉和伍長的當中小隊長。隊伍共八百多人。〔註140〕

　　臺中「二七部隊」裏面的主要領導鍾逸人、顧大郎、吳崇雄、黃信卿等人，都是留日學生。鍾逸人任隊長，黃信卿任參謀長。〔註141〕吳崇雄，東京大學醫學院畢業；〔註142〕黃信卿，留學早稻田大學，原日本關東軍陸軍少尉。〔註143〕「二七部隊」下分埔里隊（黃信卿為首）、中商隊（何集淮、蔡伯勳）、中師隊（呂煥章）、警備隊（黃金島）、建國工藝學校學生隊（李炳昆），大約二百多人。黃金島在日本讀中學，參加過日軍，非常鄙視國軍。〔註144〕3月16日，國軍21師進攻埔里，黃金島帶隊於烏牛欄溪迎戰，陣亡2人。〔註145〕

　　顧大郎率領一隊民眾武裝到「中部地區治安委員會作戰本部」報到，並主動要求去支持攻打虎尾飛機場的戰鬥。〔註146〕

　　嘉義地區攻打飛機場的民眾武裝很多，但其中的領導人物也多是留日學生。如湯守仁、嘉義中學的陳顯富、羅金城、許壬辰等人。湯守仁，嘉義高山族，1924年生，曾被其日本長官送到陸軍士官學校受訓，做過日軍中尉，他帶高山族部隊參與攻打。羅金城做過日軍曹長，是《和平日報》業務經理；北港的許壬辰、許禎興分別是東京拓殖大學和日本大學畢業。許壬辰曾任北港日軍柔道教練。他們是嘉義的警察，非常鄙視中國大陸軍警文化低氣焰高。許壬辰、許禎興在北港招集了一批人，參加包圍飛機場。〔註147〕三青

〔註139〕前引《煉獄餘生錄》，第98頁。
〔註140〕前引《煉獄餘生錄》，第104～106頁。
〔註141〕《鍾逸人口述》，前引《二二八事件文獻輯錄》，第405頁。
〔註142〕《訪古瑞雲談謝雪紅與二二八事件》，前引《附錄二　重要口述歷史（一）》第4頁。
〔註143〕《鍾逸人口述》，前引《二二八事件文獻輯錄》，第405頁。
〔註144〕《黃金島口述》，前引《附錄二　重要口述歷史（二）》。
〔註145〕林木順：《臺灣二月革命》，前引鄧孔昭：《二二八事件資料集》，第148頁。
〔註146〕謝雪紅、楊克煌：《我的半生記》，第156頁。
〔註147〕《訪鍾逸人談二七部隊》，前引《附錄二　重要口述歷史（一）》，第4頁。

團朴子區隊長張榮宗，糾集青年抗爭，遭到國軍伏擊而死。〔註148〕

　　彰化縣溪湖鎮「青年自衛隊」隊長林才壽，到糖廠保警隊借了一卡車武器，並率隊支持臺中。〔註149〕他從1942年開始在日本航校學習三年，在日軍中服役半年，任兵長。高雄市民眾接收軍警武器，在高雄中學成立「指揮總部」，涂光明任總指揮。〔註150〕

　　3. 參加遊行示威、開會串聯等活動者。事變發生後，臺灣大學法商學院專修科學生（留日學生插班生）率先召開大會，並派代表至延平學院，由陳炳基、葉紀東等人商討對策。3月2日，臺灣大學、延平學院、師範學院等學校學生數百人，舉行大會，張貼標語。〔註151〕

　　3月3日上午，「處委會」在臺北中山會堂開會。鍾謙順擠在人群中，對民間代表發言不滿，便匿名發言：請願團要向有關當局提出抗議，國軍對同胞不人道，使用國際協議上明文禁止的軟鼻子彈；其次，請願書內不簽代表人名，只簽群眾即可。〔註152〕

　　藍敏每天都到臺北觀察情況。第三天，她聽到黃朝琴在廣播裏呼籲：臺人放下一切武器，72小時後一切都可解決。藍敏隨即到所有熟人家裏宣傳自己的主張：絕不能交出武器，黃朝琴的講話是個騙局。〔註153〕

　　3月6日，留日學生徐水德、高湯盤、陳亭卿等，率領從東北回來的30多人，在中山堂開會。徐水德當會議主席，陳亭卿當司儀，討論臺灣管理的問題。徐水德還和歐陽餘慶、黃炎生一同去見陳儀。陳儀對他們說，自己在臺灣是失敗者，他不知道臺灣青年這麼多留外的，都聽流氓跟御用紳士的話。〔註154〕李培燦，東京電氣學校畢業，臺北市延平區大有里里長。他陪同計劃武力抗爭的學生和原臺籍日本兵去見蔣渭川，表示反對「處委會」與陳儀談判。〔註155〕

　　在臺北縣，留日學生吳琳、許焰竈等人，和其它學生及海外回臺的青年

〔註148〕《張秋梧訪問記錄》，前引《附錄二　重要口述歷史（二）》。
〔註149〕《訪林才壽談二二八時的溪湖》，《附錄二　重要口述歷史（二）》。
〔註150〕前引《附錄二　重要口述歷史（二）》，第118頁。
〔註151〕前引《柯遠芬暨彭孟緝回憶錄》，第17頁。
〔註152〕前引《煉獄餘生錄》，第92頁。
〔註153〕前引許雪姬：《藍敏先生訪問紀錄》，第116頁。
〔註154〕許雪姬：《徐水德先生訪問紀錄》，前引《日治時期在「滿洲」的臺灣人》，第246頁。
〔註155〕應大偉：《臺灣人檔案（之一）》，第246～250頁。

前往宜蘭機場，接收空軍倉庫的槍械，組織保安隊、治安隊，沿街遊行示威，並高唱日本軍歌。許氏是前日本陸軍中尉，為自南洋歸臺之青年中軍階最高者。〔註156〕

在臺中，3 月 2 日晚，鍾逸人、楊逵等印刷傳單，到街上散發。鍾逸人又去高農的宿舍，向學生們說這件事，然後再去一中、中商向住宿舍的學生宣傳。〔註157〕張冬芳把臺中的大專學生組織起來，成立了「學生大隊」，下分臺大隊、師範學院隊、農學院隊、工學院隊、延平學院隊。〔註158〕

總之，「處委會」的有組織的活動，基本上都是以臺灣留日學生為首的。「處委會」之外的自發活動，如嘉義、臺中等地區比較激烈的軍事鬥爭，也基本上是以臺灣留日學生為首的。因此，整個事件過程，都是臺灣留日學生這個階層在領導。

第三節　事變後的臺灣留日學生

事變以後，臺灣留日學生這個社會階層，既是被鎮壓的主要對象，又是被安撫的主要對象，也充分說明了留日學生這個社會階層在事變中的領導作用。

如上所述，事變之中，臺灣留日學生這個社會階層，最活躍、掌握的權力最多，因而也要負最大的責任。陳儀於 3 月 13 日呈報蔣介石所列舉的主犯名單 20 人，中間有 2 名日本人，中國人只有 18 人。其中留日學生就多達 11 人：王添燈、陳炘、林茂生、宋斐如、阮朝日、吳金鍊、黃朝生、林連宗、施江南、李瑞漢、李瑞峰，比例高達 61%。該名單旁邊還有潦草書寫的 7 人：白成枝、蔣渭川、陳屋、林日高、王萬得、張晴川、呂伯雄。〔註159〕如果把這 25 人合起來計算，留日學生的比例也高達 52%。從中我們可以看出留日學生在事變中的作用和地位。所以，在事變前後被捕被殺的各階層人員中，臺灣留日學生也就最多。

〔註156〕《林金春口述歷史訪問紀錄》，《附錄二　重要口述歷史（二）》。
〔註157〕前引《訪鍾逸人談二七部隊》，第 3 頁。陳芳明：《楊逵的文學生涯》，第 179 頁。
〔註158〕《廖天欣先生訪問紀錄》，《附錄二　重要口述歷史（二）》，第 963〜964 頁。
〔註159〕前引黃富三：《『二二八事件處理委員會』與二二八事件》，《臺灣光復初期歷史》，第 158 頁。

一、善後工作中的留日學生

參加事變善後工作的留日學生，以各地「處委會」的居多。他們積極與國民黨中央和行政長官公署配合，努力平息各地事變。主要工作有：向國民黨中央和政府主席蔣介石解釋事變原因，呼籲寬大處理；迎接國軍幫助恢復秩序，接受國民政府的安撫。

（一）解釋事變原因、呼籲寬大處理

1. 留日學生黃朝琴、丘念臺、楊肇嘉等，分析彙報事變的性質及發生、發展的原因。其中以黃朝琴的分析最典型周全。3 月 16 日，事件剛平息，黃朝琴以議長身份對中央社記者談話：「二二八事件發生之初，民眾要求不外政治改革，登用省人，別無他意。」事變後來的發展變化，直至提出 42 條改革建議，是受了「姦人」的煽動利用。早在 3 月 6 日，他就上電蔣介石，其中說「臺北民眾暴動實緣省署施政有失民心，積怨所致」；「外傳托治及獨立，並非事實，擁護中央熱忱如故，對陳長官個人感情尚佳，事發之初，民眾基於公憤，作無計劃之暴動」。〔註 160〕導致省民暴動的原因很多：在政治上，行政長官公署是變相的總督府，行政長官公署任用的臺灣人才太少。在經濟上，臺灣銀行、專賣局、貿易局等制度妨害經濟發展；日產處理不公正等。〔註 161〕在心理上，本省同胞因長期受日人壓迫統治，於政治多缺乏瞭解，而且回到祖國，望治之心倍加急切，遇對政府措施有所不滿時，即發生精神上的激動，導致行為上的錯誤。〔註 162〕

2. 呼籲國民黨中央迅速並寬大處理，這是留日學生的共識和一致要求。3 月 6 日，黃朝琴懇請蔣介石「速決治臺方針，簡派大員來臺處理，以免事件擴大，貽笑外人」。〔註 163〕16 日，黃朝琴再次通過中央社記者呼籲，「中央與地方當局寬大處理。」〔註 164〕全體臺灣省參政員託中央社致電蔣主席，呼籲「速派大員來臺協同處理本案，勿用武力彈壓，以免事態擴大。」〔註 165〕

〔註 160〕《黃朝琴呈蔣主席三月魚電》，行政院研究「二二八事件」小組：《附錄一　大溪檔案》，1992 年，第 70 頁。

〔註 161〕行政院研究「二二八事件」小組：《二二八官方機密史料》，第 109～111 頁。

〔註 162〕《朝琴回憶錄》，第 277 頁。

〔註 163〕前引《黃朝琴呈蔣主席三月魚電》，第 70 頁。

〔註 164〕《朝琴回憶錄》，第 276 頁。

〔註 165〕行政院研究「二二八事件」小組：《二二八官方機密史料》，第 109～111 頁。

　　丘念臺致電國民黨監察院長于右任，解釋事變根本原因，要求速派黨國元老去臺灣協助安撫，瞭解實際情況。他還希望中央政府對事件寬大處置，以消滅挑撥離間省民與中央政府關係的藉口。〔註166〕

　　楊肇嘉、陳重光等人於3月10日從上海到南京，分別向國民政府、監察院、立法院、內政部等有關單位，提出迅速敉平臺亂的呼籲和具體願望。當日晚國防部長白崇禧就宴請他們，並轉達蔣介石處理事變的指示方針。白崇禧要求楊肇嘉一行先回臺說明。但當楊肇嘉他們一下飛機，就被軟禁在臺北賓館，不讓他們四處活動。〔註167〕

　　除了向當局建議總的處理方針之外，留日學生還非常關心具體的司法審判工作，積極營救因事變被捕的人員。連震東曾設法營救慶應大學校友郭章垣。〔註168〕1947年6月20日，在臺灣省參議會第一屆第三次大會上，鄭品聰、丁瑞彬、楊陶、蘇維梁、韓石泉等留日學生，附議陳文石提出的臨時動議，請中央對「二二八事變」有關人犯寬大處理。省參議會第11次大會決議，請政府商同軍法及司法機關迅速寬大處理在押人犯。〔註169〕

　　1948年7月14日，陳紹平、林忠、謝掙強、陳天順、黃及時、連震東、游彌堅、呂世明、張吉甫、王民寧、吳三連、劉傳來、楊金虎等，聯合向司法部門提出妥善處理事變的意見書：安慰撫恤被捕被殺臺籍名士官紳的家屬；從速處理在押人員，不要以叛國或共產黨名義久押。〔註170〕

（二）參與並接受國民黨安撫的留日學生

　　事變後，國民黨不得不對臺灣人民作出一些讓步，答應事變中提出的部分改革要求。國民黨做了一系列安撫臺灣民心的工作，其中的重點是拉攏收買臺灣的知識分子，具體措施就是把他們的代表人物網羅進省政府和省文獻館等新設立的機構裏。這也表明了留日學生在整個事變中的重要地位。

　　1. 參與安撫工作的留日學生很多，此處以蔡培火、陳啓川、莊垂勝等為例說明。總的來說，在國軍進軍過程中，留日學生和民眾基本上未採取對抗行動，而在各地歡迎的卻很多。當風聞國軍來臺中時，「黃朝清等處委會人士

〔註166〕前引《臺灣光復和光復後五年省情》（下），第588頁。
〔註167〕《楊肇嘉回憶錄》，第366頁。
〔註168〕《連震東曾設法營救二二八受難者》，《臺灣時報》1992年2月21日。
〔註169〕《二二八事件文獻補錄》，第191頁。
〔註170〕《二二八事件文獻續錄》，第201頁。

乃宣佈解散該會及治安隊，但謝雪紅力主武裝。」〔註171〕13 日，國軍 21 師進駐臺中。黃朝清、洪炎秋、莊垂勝、蔡志昌等跟隨林獻堂前去歡迎。〔註172〕高雄市，陳啓川等 10 餘人說明軍方審查被抓的人。〔註173〕關於被捕的人，彭孟緝都問陳啓川是好人壞人，如果陳啓川說是好人，他就馬上釋放。陳啓川說被捕的人中壞人非常少。〔註174〕

　　事變後，臺灣省黨部派出四個慰問團，分赴各地。蔡培火和呂伯揚奉派到四縣三市慰問，並考察這些縣市黨部的黨務工作。5 月 1 日，他們從臺南市開始，經臺南縣、臺中市、臺中縣、彰化市、臺東縣、花蓮縣。全程費時 36 天，計開黨員及各界座談會 18 次，民眾演講會 22 次，主要解答三個問題：國內和平問題，本省糧荒問題，縣市長是否提早實施民選問題。〔註175〕

　　2. 如前所述，留日學生在事變前及事變中極其活躍，實際上起著領導作用。事變後，國民黨政府爲了安撫他們，提拔其中一批代表人物到省政府和省文獻館等機關裏做官。著名的有丘念臺、黃朝琴、杜聰明、劉明朝、徐慶鐘、李連春、林熊祥、張文環等人。

　　3 月 17 日，白崇禧來臺宣撫，告訴林獻堂、丘念臺善後工作的辦法。白崇禧說政府擬將臺灣行政長官公署改爲省政府，請林獻堂推薦省府委員。林獻堂先後與黃朝琴、杜聰明、劉明朝商議名單。4 月 22 日，臺灣省政府成立，下設「省府委員會」爲其執行機關，29 日任命委員 14 席，其中臺籍爲林獻堂、杜聰明、劉兼善、南志信、丘念臺、游彌堅、陳啓清、李連春 8 人。〔註176〕8 人中 6 人是留日學生，比例達 75%。劉兼善，早大畢業。陳啓清，明大法科畢業。李連春，神戶商業學校畢業。徐慶鐘，留學日本的農學博士。

　　臺灣省主席魏道明於 1948 年 6 月設立省通志館，館長林獻堂，副館長林忠，另設顧問委員會，黃純青爲主委，林熊祥爲副主委兼總編纂。張文環、謝國城、孫萬枝、徐坤泉、劉枝萬等。後聘楊雲萍、陳紹馨、黃得時等爲顧問。這些人幾乎都是留日學生。各縣市的文獻委員會，也是以留日學生爲主。例如，1952 年 11 月 12 日成立的臺南縣文獻委員會，吳新榮、盧嘉興、江家

〔註171〕林木順：《臺灣二月革命》，鄧孔昭：《二二八事件資料集》，第 139 頁。
〔註172〕林木順：《臺灣二月革命》，鄧孔昭：《二二八事件資料集》，第 146、147 頁。
〔註173〕《高雄市二二八相關人物訪問紀錄》（下），第 226 頁。
〔註174〕《高雄市二二八相關人物訪問紀錄》（下），第 104、105 頁。
〔註175〕蔡培火：《慰問紀要》，《二二八事件文獻續錄》，第 536 頁。
〔註176〕張炎憲等：《第一位臺灣省議會議長──黃朝琴》，《臺灣近代名人誌》第 1 冊，第 165 頁。

錦、石暘睢、賴建銘、高文瑞、洪波浪等參加。吳新榮擔任委員兼編輯組長。
〔註 177〕

二、被殺、被捕、逃亡、消極的留日學生

　　事變前後，許多留日學生被捕被殺被撤職、逃亡失蹤、政治上消極，有
的甚至從此走上了分裂中國的「臺獨」道路。這些人的數量之多，也說明留
日學生這個社會階層對全臺各地的活動負有領導責任。

（一）逃亡或者政治上消極的留日學生

　　1. 躲藏逃亡的留日學生，比較出名的有陳逸松、劉明、蘇新、蕭來福、
張文環、廖文奎、廖文毅、鍾謙順、邱永漢、陳文彬等人，遍佈全臺各地。

　　廖氏兄弟是事變前夕就逃到上海的。臺南的邱永漢則於 1948 年逃往香
港，參加了廖文毅的臺灣再解放聯盟。〔註 178〕陳逸松、劉明也躲藏起來，直
到白崇禧來臺，陳逸松向他解釋說明，陳、李二人才敢露面。新竹中學美術
教師范文龍（倬造），4 月混入日僑集中營避難，10 月裏與日僑同被遣回日本，
改名石山治彥。1955 年 12 月又被日本遣回中國大陸。〔註 179〕張文環事變時
逃進深山躲藏。他將藏書資料燒毀，終生不再創作了。〔註 180〕嘉義北港的許
壬子、許壬申在事變時逃亡。〔註 181〕屏東的蔡清霖，日本醫學院畢業，在其
姐夫曾豐明被殺後，極端不滿公署的統治，和弟弟等人移民日本。〔註 182〕陳
浴沂被釋放後就回大陸和香港經商。〔註 183〕陳文彬逃到大陸。

　　2. 政治上消極的留日學生，以各縣市參議員地方紳士為主，著名的有彭
清靠、郭國基、吳新榮、蘇東啓、劉明、陳金波等。這些人對以後的臺灣政
治都有極大影響，有的人終生與國民黨作鬥爭。例如，事件後，高雄市議長
彭清靠，對政治極端灰心，以做中國人為恥。其子彭明敏後來走上「臺獨」
道路，與此有很大關聯。〔註 184〕

〔註 177〕前引《林衡道先生訪問記錄》，第 103 頁。
〔註 178〕邱永漢：《我的青春‧臺灣我的青春‧香港》，臺北，不二出版社，1996 年 1 月。
〔註 179〕謝里法：《出土臺灣人物誌》，第 309 頁。
〔註 180〕張炎憲等：《臺灣近代名人誌》第 1 冊，第 263 頁，張文環《難忘當年事》，《臺
　　　　灣文藝》第 2 卷第 9 期。
〔註 181〕《高總成訪問紀錄》，《附錄二　重要口述歷史（二）》。
〔註 182〕《高雄市二二八相關人物訪問紀錄》（上），第 45 頁。
〔註 183〕《高雄市二二八相關人物訪問紀錄》（上），第 185 頁。
〔註 184〕彭明敏著：《自由的滋味——彭明敏回憶錄》，第 80 頁。

　　莊垂勝被臺中憲兵拘押一周，在獄中作詩：「自幸一門三世，無負國家民族；雖淪披髮左衽，未忘禮樂衣冠。」最後被以煽動群眾叛亂為由免去公職，後歸隱經營大同農場。「如果不取消我的所謂思想不正確的不名譽記錄，我決不會再擔任任何公職。」〔註185〕事變時，郭國基在臺東考察農業，但卻因政治恩怨被羅致入網，經 210 天後才被無罪釋放，出獄後即退出國民黨。〔註186〕蘇東啓辭去長官公署秘書處交際科次長職務，回雲林縣參選縣議員，一連四任，不畏強權，號稱「蘇大炮」。蘇東啓 1923 年生於北港富家，留學中央大學，曾潛回中國大陸參加抗日戰爭。〔註187〕

　　蔣渭川出任臺灣省政府民政廳長時，劉明等人故意出錢在報紙上登廣告，以「二二八事件」的犧牲者，例如林茂生、陳炘等人的名義祝賀他，讓他難堪。

　　在外省籍市長的陪同下，原宜蘭市長陳金波出面和由蘇澳登陸的國軍交涉。軍方最後表明「和平進駐」，但仍逮捕殺害一些精英。陳金波躲避在市郊舊宅，從此斷絕了從政的念頭。

　　事變後，各級參議會議員出席會議不踴躍，1947 年 6 月召開的省參議會會期中，簽到的人數只是議會成員的三分之二，因為死亡、流亡、失蹤等原因，最具批判力的代表都不見了。〔註188〕事變前臺南縣參議會議員積極批評時政；事變後召開的第四次大會，與會議員顯著減少，只有一件提案，7 件臨時提議。有 3 件是致電蔣介石、白崇禧、陳儀的，為他們寬大為懷及迅速鎮定處理，表達致敬之意。吳新榮參加了第六、七、八次會議，卻不願提案與質詢。〔註189〕

　　鹿港的辜本，岡山醫學專門學校畢業，1946 年首屆民選鎮長，事變時去職，不再關心政治。〔註190〕廖行貴，1934 年大阪帝大工學部畢業，曾在偽滿洲國交通部任職，事變後被開除高雄工業學校校長職務。〔註191〕事變後，陳

〔註185〕張炎憲等：《臺灣近代名人誌》第 4 冊，第 148 頁。
〔註186〕同上，第 178 頁。
〔註187〕《雲林縣發展史》，人物傳記，第 111 頁。
〔註188〕張炎憲等：《臺灣近代名人誌》第 1 冊，《第一位臺灣省議會議長——黃朝琴》，第 165 頁。
〔註189〕《吳新榮回憶錄》，第 266 頁。
〔註190〕吳文星：《鹿港鎮志》，第 12 頁。
〔註191〕許雪姬：《日治時期在「滿洲」的臺灣人》，第 41 頁。

天階辭去臺灣新生報南部分社主任職務。〔註192〕

（二）被殺、被捕的留日學生

　　事變中被殺民眾以青年學生最多，一般群眾次之，社會中堅又次之，眞正流氓則被編入別動隊。臺籍士紳被殺者45名，其中留日學生占大多數。被殺的根本原因還是因爲他們在事變之前和事變中的活躍表現，具體情況在前文已經有論述，此處不再贅述。被殺被捕的名單見表2-3和表2-4，基本上都是些代表人物或政治活躍分子。另外還有失蹤和受驚而死的留日學生，這裏有三例，〔註193〕臺大法商學院學生代表潘家澤。〔註194〕李潤宇，1917年生，東京第二高等學校畢業，事變時失蹤。〔註195〕吳天賞，青山學院英文系畢業，臺灣新生報臺中分社主任，事變後被通緝驚嚇而死。據作者不完全統計，被殺留日學生如下表：

表2-3　「二二八事件」中死亡的留日學生名單

姓　名	籍　貫	生卒年	留　學　學　校	簡　歷
林茂生	屏東東港	1887～	東京帝大東哲學	臺大教授
陳炘	臺中大甲	1893～	慶大理財科	金融家
宋斐如			東京帝大	人民導報社負責人
吳鴻麒	桃園中壢	1898～	日本大學法科	臺北高等法院推事
李瑞漢	竹南	1906～	中央大學法科	臺北律師公會會長
李瑞峰	竹南	1908～	中央大學法科	律師
施江南	鹿港	1902～	京都帝大醫學部	四方醫院院長
阮朝日	屏東	1900～	福島高等商校	新生報總經理
吳金鍊	臺北市	1913～	東京文化學院	新生報日文版總編輯
林旭屏	臺南東石郡	1904～	東京帝大法學部	公賣局職員
郭章垣	嘉義	1914～	慶應大學	宜蘭醫院院長
王育霖	臺南市	1919～	東京帝大法學	新竹檢察官
王添燈	臺北		早大函授生	省議員，自由報社長

〔註192〕《高雄市二二八相關人物訪問紀錄》（上），第137頁。
〔註193〕《陳遜章先生訪問記錄》，許雪姬等：《大臺中地區二二八相關人物訪問記錄》。
〔註194〕《高雄市二二八相關人物訪問紀錄》（下），第26頁。
〔註195〕《高雄市二二八相關人物訪問紀錄》（上），第388頁。

林連宗	彰化市	1905～	中央大學法科	國代、省參議員
張榮宗	嘉義朴子	1908～	日本大學	朴子鎮副鎮長
陳復志	嘉義	1911～	神田大成中學	三青團嘉義分團主任
陳澄波	嘉義	1895～	東京美術學校	嘉義市參議員
潘木枝	嘉義市	1902～	東京醫學專校	嘉義市參議員
盧炳欽	嘉義市	1913～	東京齒科專校	嘉義市參議員
湯德章	臺南南化	1905～	日本大學	臺南名律師
王石定	高雄市	1912～	早大商業部	高雄市參議員
曾豐明	高雄市	1922～	無線電學校	國軍軍官
范滄榕	高雄市		東京齒科部	牙醫
王炳川	高雄鹽埕			
洪景川	高雄鹽埕	1921～	早稻田大學	鹽埕區公所職員
葉秋木	屏東市	1908～	中央大學	屏東市參議會副議長
顧大郎	臺中市		學醫	
張宗仁	花蓮			花蓮中學校長
張果仁	花蓮			花蓮中學教員
許秋棕				高雄市首屆參議員
黃朝生				臺北參議員
許錫謙				三青團花蓮分團總幹事。
陳能通			京都帝大物理學博士	淡水中學校長
涂光明				高雄市政府日產清查室主任
林桂端				律師
李登芳	嘉義		神戶大同機械學校	臺南市警察
蘇憲章				新生報嘉義分社主任
蘇耀邦				宜蘭農校校長
黃阿純				淡水中學教員
盧園				淡水中學教師
黃賜	高雄			高雄市議會議長
柯麟				嘉義市參議員
邱金山	高雄			新生報高雄分社主任
李仁貴				臺北市參議員。
王孚國				大明報總編
陳文彪				建國中學校長

李言	高雄			國聲報編輯
陳金能	東港		中央大學法學	律師
呂見發	高雄			
呂見利	高雄			
曾老師				高雄中學化學教師
駱好清	高雄	1898〜	早大電機科	臺電職員，在路上被誤殺
郭國清	屏東縣			里港分局長
陳野口	高雄			工業學校老師
王金星	屏東	1904〜	中央大學法學部	鄉長
郭守義	基隆	1926〜	昭和醫專	基隆除委會委員

資料來源：許雪姬等：《大臺中地區二二八相關人物訪問記錄》。許雪姬等：《高雄市二二八相關人物訪問紀錄》（上）、（中）、（下）。臺灣省文獻委員會：《二二八事件文獻輯錄》，臺北，1991年。

　　據作者不完全的統計，被捕留日學生如下表：

表2-4　被捕的留日學生名單

姓　　名	籍　　貫	留　學　學　校	簡　　歷
郭國基		明治大學法學部	省參議員
林宗賢	板橋	京都帝大法學部	國民參政員中外日報董事長
朱昭陽	板橋	東京帝大經濟學	延平學校校長
陳文彬		法政大學	建國學校校長
蔡天賜	高雄市	明治學院肄業	臺大學生
陳水木	高雄	熊本外語學校肄業	師範學院學生
陳亭卿	臺中縣	廣島修道中學	臺灣廣播電臺文書股總幹事
林連城			臺中市參議員
莊垂勝	鹿港	明治大學	臺中市圖書館長
陳華宗	臺南	立正大學	臺南市參議員
蔡丁贊	臺南	昭和醫專	臺南市參議員
吳新榮	臺南	東京醫學專門學校	臺南縣參議員
楊熾昌	臺南	東京文化學院	臺灣新生報臺南分社記者
林宗棟	臺南	日本士官學校	臺南二中
沈乃霖	臺南	昭和醫專	醫生
郭萬枝			高雄市參議員

鄭松筠		明治大學法科	花蓮地方法院檢察官
楊逵		日本大學夜間部	
巫永昌	南投	名古屋帝大醫學部	醫生、除委會委員
賴耿松			花蓮地方法院推事
莊孟候			三青團臺南分團總幹事
丁瑞魚	鹿港	日本醫學專門學校	醫生
鍾逸人		東京外語學校	和平日報嘉義分社主任
蔡鐵城			和平日報記者
鄭四川			臺南工學院教師
楊金虎	臺南	日本醫科大學	高雄市參議員
王清佐	屏東	中央大學法科	同上
邱道得	高雄		同上
謝有用	高雄	高中、專修大學	同上，記者
陳浴沂	高雄市	慶應大學中文	同上
潘家欽	高雄	慶應大學	經商
廖朝鐺		中央大學	和平日報社主任
陳水印	高雄市	日本醫科大學	高雄市市參議員，醫生
王天賞	高雄市	東京目白英語學校	國聲報社長兼發行人
楊老師			同上高雄商業學校化學老師
王源趕	臺南市	日本大學附屬第三中學	高雄市警察
廖老師			數學老師
許國雄	高雄市	九州島久留米醫科大學	醫生、教師
許舜雄	高雄市	東京高等師範學校	學生
曾維成	高雄	東京聖書學院	
孫醫師	高雄市	日本東北大學	高雄醫院醫生
柯賢明	高雄市	日本大專	左營煉油廠機械主管
李塗州	高雄市	東京品川養成所機械科	左營煉油廠職員，工人代表
郭榮林	高雄		左營煉油廠職員
楊凱雄	高雄		左營煉油廠員工
簡奢兌	高雄	早稻田中學畢業	左營煉油廠職員
林金髮	高雄市	兩洋中學	
林朝宗			屏東區長

陳棋榮			醫生
周南光			醫生
盧榮階			醫生
王登山			醫生
周金波			

資料來源：許雪姬等：《大臺中地區二二八相關人物訪問記錄》。許雪姬等：《高雄市
二二八相關人物訪問紀錄》（上）、（中）、（下）。臺灣省文獻委員會：《二
二八事件文獻輯錄》，臺北，1991 年。戴國煇、葉芸芸著：《愛憎二二八》。

　　綜上所述，事變前，文化資本優越的臺灣留日學生，已經對臺灣行政公
署嚴重不滿，對臺灣時局估計過於悲觀，並通過各種形式的輿論和學校教育
等來影響和引導社會。可以說，留日學生在思想政治上領導著臺灣社會各階
層尤其是青年學生。事變過程中，留日學生基本上掌握了全臺各地「處委會」
的權力，在官民之間起中介作用，主導著事件的發展方向，決定著事變的性
質。在各地自發地激烈地反抗國民黨統治的，也基本上以留日學生爲首，例
如臺中、嘉義等地區。所謂事變的性質，就是以留日學生爲核心的臺灣社會
精英領導的政治鬥爭，目標是爭奪臺灣省的領導權。誠如導論和第一章所述，
由於資本總量十分雄厚，政治鬥爭經驗豐富，留日學生這個社會階層自日據
時期就在各種政治活動中都處於領導地位。「二二八事變」這樣重大的政治事
件當然也不能例外。

　　既然是爭權奪利，已經在國民黨政權內身居高位的留日學生，如游彌堅、
黃朝琴、丘念臺、黃國書、連震東、劉啓光、王民寧、林頂立等人則必然參
加平息事變的各項工作。

　　如導論中所述，在臺灣社會各階級階層中，留日學生在日本留學時接受
了社會主義、民族自決、民本主義等思潮的影響，在日據時期就組織或參加
非暴力的抗日民族運動，具有豐富的政治鬥爭經驗。他們用自己所熟悉的三
權分立的立憲政治標準來批評行政長官公署的施政，如楊肇嘉、林茂生、阮
朝日等人，結論必然是令人失望。他們不瞭解大陸國共鬥爭的基本情況，用
社會主義思想來批評國民黨，如蘇新、許乃昌、王白淵、李純青等人，結果
必然適得其反。接受日本法西斯主義和軍國主義教育的部分留日學生，特別
是曾經參加過日軍的留日學生，如鍾謙順、黃金島、許壬辰、許禎興等人，
輕視甚至鄙視中國和國民黨的軍警，認爲國民黨的軍警不堪一擊，必然會大

膽地進攻國民黨軍警，導致雙方仇隙加深。這些都在某種程度上反應了中日政治文化的矛盾。

　　事變也發展出臺灣留日學生的政治行為模式：和大陸籍的官僚既合作又鬥爭，既利用臺灣民意壓迫大陸籍官僚在政治上讓步，又利用大陸籍官僚控制臺灣普通群眾，使民眾運動的發展不至於危害他們的統治秩序和既得利益。1990 年代，李登輝就充分利用這種政治行為模式達到了自己的政治目。類似這種不走極端的政治行為模式在日本叫做「中道政治」。李登輝當政期間一直強調政治要走「中道」。李登輝還因此被日本人譽為所謂善於搞平衡的「大師」。

　　事變後，留日學生這個社會階層發生更大的分化：一部分代表人物如黃朝琴、丘念臺等積極向各方解釋說明事變原因，對國民黨中央的態度和處理辦法有一定的影響；一部分留日學生的代表人物接受了國民黨對他們的安撫，到「政府」和文獻館等機構做官；受到打擊和迫害的這部分留日學生，則在政治上趨於消極，不願和國民黨繼續合作，少數人甚至走上與國民黨對抗的道路，希望在臺灣徹底推翻國民黨的統治。所以說，「二二八事變」是戰後臺灣政治上的一個轉折點。

第三章　臺灣留日學生與戰後「臺獨」運動

　　在臺灣近現代歷史上，臺灣留日學生曾經發起或參加過兩種形式和性質完全不同的「臺獨」運動：其一是日據時期，臺灣的抗日志士們掀起的針對日本帝國主義的獨立運動，其目的是先從日本殖民統治下獨立然後再回歸祖國，因而它獲得祖國革命團體和人民的支持。其二是臺灣光復後，一小部分臺灣留日學生投靠美、日等西方反華勢力，謀求臺灣脫離祖國的獨立運動。〔註1〕在戰後的「臺獨」運動中，臺灣留日學生則完全處於領袖地位。

　　關於戰後「臺獨」活動的研究甚多，有許多傳記、回憶錄、研究論文和專著，戰後「臺獨」活動的基本情況已經比較清楚。但既有的研究有如下幾個缺點：站在「臺獨」立場上進行研究，帶有很強的主觀色彩，如施明雄的《臺灣人受難史》；只對個案進行研究，如黃紀男的《泣血夢回錄》，張炎憲等人所著的《臺灣近代名人誌》等；單純研究「臺獨」活動或觀點，沒有深挖其背後的思想根源，如 Claude Geoffroy 的《臺灣獨立運動——起源及 1945 年以後的發展》等。

　　大陸學者徐博東的《透視臺灣民進黨》和林勁的《「臺獨」研究論集》等專著，深刻地研究了從 1990 年代到 2006 年臺灣島內外的「臺獨」活動，揭示了它們的活動規律、基本特點和發展趨勢等等，為本文的寫作奠定了堅實的基礎。

〔註1〕　王曉波：《臺灣意識的歷史考察》，海峽學術出版社，2001 年 9 月版，第 246 頁。

但是，對於戰後「臺獨」活動背後所隱藏的日本政治文化背景，上述研究都沒有深入地進行揭示，因而也沒能從源頭上說明問題。本文首次運用社會階層理論，對戰後歷次「臺獨」活動的骨幹力量進行宏觀研究，揭示了他們思想深處的日本軍國主義。本文還概述了彭明敏、李登輝、辛文炳、何既明、張德水等人自 1990 年代以後在島內進行的「臺獨」活動。本文從宏觀角度評估了留日學生的「臺獨」活動和「臺獨」理論對臺灣政壇的影響。

第一節　臺灣留日學生「臺獨」活動概況

從 1945 年 8 月日本投降，一直到現在，臺灣島內外的「臺獨」活動，基本上都是由臺灣留日學生為代表或者領導的。這些人是辛振甫、廖文毅、史明、王育德、高俊明、黃彰輝、彭明敏、李登輝等，下面概述其活動。

一、以辛振甫為主的戰後首例「臺獨」案

1945 年 8 月日本投降後，日軍少佐中宮悟郎、牧野澤夫等，陰謀假借「臺灣人自治」之名，繼續控制臺灣。他們擬定了所謂《臺灣自治草案》，網羅臺灣紳士出面主持，內定辛振甫任總務部長、許丙任顧問、林熊祥任副委員長，同時擬定了由日本人主持的自治協會。8 月 16 日、17 日，中宮悟郎首先邀請熟悉的辛振甫到臺北市末廣町木材會館協商，希望辛振甫邀請其它人參加，辛振甫竟然答應了。但是，不久，前總督安藤利吉因有所顧忌而制止了他們的「臺獨」活動。〔註2〕1946 年 2 月，林熊祥、辛振甫、許丙等人被捕。次年 7 月 22 日，臺灣省戰犯軍事法庭判定辛振甫、許丙、林熊祥有罪。

關於該案有幾種說法：

許丙父子的說法：「拘捕理由有四種說法，一為半山建議檢舉曾經協助日本政府者；二為公署根據檢舉密函拘捕；三為日據時代參加民族運動者所寫的密函；四為陳儀因曾欠林熊祥債而報復。」〔註3〕

日本人的說法：「是臺灣那幾個紳士想趁機獨立並要求日本人協助獨立。」〔註4〕「受過日本教育的人瞭解中國的腐敗混亂，害怕重慶政府統治，謀求獨

〔註2〕《臺灣新生報》，1947 年 7 月 30 日

〔註3〕許雪姬監修、許伯埏著：《許丙許伯埏回憶錄》，中研院近代史研究所，1996 年（日文），第 302 頁。

〔註4〕蘇瑤崇：《最後的臺灣總督府（1944～1946 年終戰資料集）》，臺北，晨星出版

立或自治。參加「臺獨」活動的，還有楊逵。根據臺灣軍司令部安藤正少佐的記述，吳新榮以林茂生為中心，開始推動臺灣獨立運動。」〔註5〕

辜振甫的說法：是他發現並制止了中宮悟郎、牧澤義夫的「臺獨」陰謀。〔註6〕1947年7月22日，辜振甫的辯護律師陳墩樹，也基本上是這樣為他辯護的。〔註7〕

事實真相似乎已不可考，但仔細分析上述幾種說法，我們還是可以得出幾點結論：第一，確有日軍參謀中宮悟郎等兩人圖謀勾結臺灣紳士謀求「臺獨」的事實，只是參加人員的主觀意圖有爭議，這是四種說法都沒有否認的。第二，許丙父子的說法都是推測之言，辜振甫單獨會見諫山春樹的說法也不可查對。第三，辜振甫所謂阻止日軍陰謀的活動，都只有和他利害一致的許丙、簡朗山、林熊祥能證明。

因此案被判刑的3個人，辜振甫和林熊祥2人是留日學生。日軍擬邀請的其它人員也基本上是留日學生，從中可見留日學生在戰後臺灣政壇上的分量了。

二、廖文毅小集團的「臺獨」活動

廖文毅、黃紀男等小集團的「臺獨」活動，是從1948年2月28日在九龍成立的「臺灣再解放聯盟」開始的。1950年1月，廖文毅經過菲律賓偷渡到日本。5月，他糾合吳振南等人在京都成立「臺灣民主獨立黨」，並自任主席。1955年9月1日，廖文毅在東京組建了「臺灣共和國臨時議會」，自任名譽會長。1956年2月28日，「臺灣共和國臨時政府」在東京成立，廖文毅當選所謂「大統領」。1963年2月，他又連任。1960年1月，「臺灣獨立統一戰線」在橫濱成立，廖文毅擔任總裁。

「臺灣民主獨立黨」的黨員，只有30人左右。中央委員有楊逸民、藍家貞、邱永漢等20多人。副主席是吳振南。只有日本關西和香港兩個支部。

廖文毅小集團「臺獨」活動的重點，在所謂「外交」上，即積極爭取美、日等國反華勢力的庇護，因而，其「臺獨」活動也得到了美、日反華勢力的

社，2004年4月，第26頁。

〔註5〕　近藤正己：《總力戰～臺灣：日本殖民地崩壞の研究》，東京刀水書房，1998年，第666頁。

〔註6〕　黃天才、黃肇珩合著：《勁寒梅香——辜振甫人生紀實》，第81～100頁。

〔註7〕　前引王曉波：《臺灣意識的歷史考察》，第256頁。

幫助。

1947 年 7 月，魏德邁訪華，廖文毅、黃紀男向其遞交《處理臺灣問題意見書》，要求通過公民投票來決定臺灣的前途。〔註8〕9 月底，廖文奎、黃紀男通過金陵大學校長貝斯的引見，在南京得到了美國駐華大使司徒雷登的接見，得到了司徒大使的安慰。〔註9〕

1948 年 4 月，黃紀男赴日宣傳「臺獨」，把《臺灣獨立宣言》交給合眾社發表。〔註10〕他得到了日本首相蘆田均的接見，要求日本政府支持臺灣獨立。蘆田均回答說，同情臺灣人的遭遇，但日本是個受麥克阿瑟將軍管轄的戰敗國，無法幫助臺灣人。〔註11〕1949 年 6 月 15 日，黃紀男奉廖文毅之命潛回高雄。他組織「再解放聯盟臺灣支部」，自認支部長、以廖史豪爲副。成員有鍾謙順、溫炎煋、許朝卿母子、蔡繡鸞、許劍雄等人。主要活動是遊說楊肇嘉、吳三連、名牧師黃武東等臺灣名流。黃紀男等人的活動，得到了美國新聞處人員柯喬治、奧斯本（Osborn）的協助。許朝卿去找奧斯本，由他告知香港美國副領事謝偉志（Mr.Service），再轉給廖文毅。1950 年 5 月 14 日，黃紀男在中壢被捕。隨後，廖史豪、許朝卿等人也相繼被捕。

1955 年，在陳智雄的活動下，廖文毅獲准以「臺灣民主獨立黨」主席身份參加萬隆會議，國際聲望達到了極致。陳智雄，1950 年加入廖文毅的「臨時政府」，負責與東南亞各國聯繫。〔註12〕

1958 年 8 月下旬，廖史豪、黃紀男出獄後，通過日本駐臺灣單位與廖文毅取得聯繫，成立「臺灣民主獨立黨臺灣地下工作委員會」，先後吸收廖溫進、鍾謙順、林奉恩、陳火桐、廖慶順、臨南增、郭振坤、鄭瓜瓞、陳嘉炘、許朝卿等人參加。廖文毅寄到臺灣的《臺灣民本主義》等「臺獨」書刊，都由日本大使館人員轉交廖史豪母子。1962 年 1 月，廖史豪、黃紀男再次被捕。〔註13〕

臺灣島內因受廖文毅影響而秘密從事「臺獨」活動的，還有臺東縣金峰鄉教師賴紅炎、李繁章、徐永福、宋二郎等人。從 1951 年起，賴紅炎等人就

〔註 8〕 黃紀男：《泣血夢回錄》，第 169 頁。
〔註 9〕 《新潮流》，1986 年 5 月。
〔註 10〕 《黃紀男》，應大偉：《臺灣人檔案（之一）》，第 139～149 頁。
〔註 11〕 黃紀男：《泣血夢回錄》，第 201 頁～202 頁。
〔註 12〕 施明雄著：《臺灣人受難史》，臺北，前衛出版社，1998 年 2 月版，第 138 頁。
〔註 13〕 《許朝卿》，應大偉：《臺灣人檔案（之一）》，第 127 頁。

密謀建立「臺灣或高砂共和國」，以排灣族的葛良拜爲總統。1965 年 8 月，賴紅炎被警總逮捕，其陰謀破產。〔註14〕

1963 年，廖文毅的「臺獨」組織發生了嚴重的分裂。1965 年 5 月 14 日，廖文毅突然宣佈放棄他從事了 18 年的所謂「臺獨」事業，回到臺灣。〔註15〕

三、史明開展的「臺獨」活動

史明 1949 年回臺灣從事「臺獨」活動。他主張通過武力實現「臺獨」。1949 年，史明開始秘密地聯絡一些「二二八事件」的受難者。1952 年，史明在臺北秘密組建「臺灣獨立武裝隊」，準備謀刺蔣介石，因槍支被國民黨發現而逃到日本，在日本加入了「臺灣青年獨立聯盟」。1965 年，辜寬敏出任「臺灣青年獨立聯盟」中央委員會主席之後，史明便被迫離開了該聯盟。因爲該聯盟的重要幹部王育德反對史明的主張。同時，史明本人也不認同該聯盟的鬥爭策略，認爲該聯盟「心存依賴美、日支持，而我認爲萬事要靠自己，並要有所行動」。〔註16〕

1967 年，史明在日本自行創辦「獨立臺灣會」，出版《獨立臺灣》月刊。該會成員有 70 人左右，是個陰謀暴力小集團，奉行所謂「主戰場在島內」的方針，與島內反對國民黨的人士密切聯繫，從事破壞鐵路等基礎設施的活動。但是，由於國民黨力量太強大，史明被迫放棄暴力破壞活動，轉而致力於用所謂「臺灣民族主義」武裝「臺獨」分子的頭腦。1974 年，史明等人秘密組織暗殺蔣經國的活動，實際動手進行行刺活動的是鄭評。結果，鄭評被槍斃。「獨立臺灣會」發行的《獨立臺灣》雜誌，以論戰爲主，影響力不如《臺灣青年》。但是，全世界凡是有臺灣留學生的地方，就有《獨立臺灣》的流通，故影響了一些臺灣的青年。例如，由於受到了該雜誌的影響，1970 年代在法國留學的盧修一就加入了「獨立臺灣會」。〔註17〕

1981 年以後，史明出版不定期刊物《臺灣大眾》，並協助出版《美麗島》周刊，另出版《臺灣獨立的理論與實際》。1993 年，史明終於又返回了臺灣，

〔註14〕《臺東縣史》，人物篇，第 364 頁。

〔註15〕張炎憲：《臺灣近代名人誌》第 1 冊，第 280～290 頁，1954 年 5 月 15 日全臺各大報紙，枝伯仔《廖文毅爲何投降》，臺北《第一線》第 6 期，1986 年 2 月 22 日。

〔註16〕編輯部：《當年他曾經想暗殺蔣介石》，《新新聞》，1991 年 5 月 13～19 日。

〔註17〕Claude Geoffroy：《臺灣獨立運動──起源及 1945 年以後的發展》，前衛出版社，1997 年，第 112 頁。

繼續打著「勞苦大眾出頭天」的旗號,宣傳其「臺獨」觀點。

　　史明和「獨臺會」的「臺獨」活動,影響了一些青年人,例如盧修一、柯泗濱、李應元、許信良等。許信良受史明的影響較大。1991 年 5 月 9 日,島內還爆發了所謂「獨立臺灣會」案件。調查局逮捕了陳正然、廖偉程、王秀惠、林銀福四人,他們是「獨臺會」成員,罪名是涉嫌叛亂。該案引發了一些青年學生的抗議活動,也得到了民進黨的支持。最後,「行政院長」郝柏村被迫做出讓步,陳正然等四人於 5 月 17 日交保獲釋。調查局逮捕「獨臺會」的四人,還引起李登輝對郝柏村和調查局長吳東明的嚴重不滿。〔註18〕

四、王育德在日本的「臺獨」活動

　　王育德,「二二八事件」後逃到香港,1949 年再由香港轉到日本。1960年 2 月,明治大學講師王育德和東京大學留學生黃昭堂、廖建龍等 6 人組建了「臺灣青年社」,大力鼓吹臺灣獨立。4 月 10 日,他們發行日文版雙月刊《臺灣青年》第 1 期。

　　該刊對「臺獨」和所謂「自治」具有相當大的影響。該刊號稱繼承 1920年林呈祿、謝春木等人創刊於日本的《臺灣青年》的原始精神,標榜所謂「以闡揚抵抗傳統爲務,從事文化宣傳與啓蒙工作」、「延續追求臺灣人自由和幸福的精神」。然而,在本質上,王育德等人所鼓吹的所謂「臺灣獨立」的精神,正好與日據時期臺灣革命青年反抗殖民統治的革命精神完全相反。該刊的日文版,閱讀對象包括在日本的臺灣人,日本政、學兩界,爭取他們支持「臺獨」。

　　1961 年 2 月,《臺灣青年》雜誌創刊週年慶時,全刊報導「二二八事件」,極力宣揚國民黨的血腥屠殺,在海外臺灣人中間引起了極大的震撼。許多臺灣青少年,包括在海外的「臺獨」頭目張燦鍙與蔡同榮,都曾在該期雜誌發行後主動與它聯繫,但大多數臺灣青年學生還是不願閱讀它。〔註19〕

　　1963 年,王育德重組「臺灣青年會」,每逢「二二八」紀念日就發起遊行,並在各校園裏從事宣傳工作。1964 年,《臺灣青年》刊出了彭明敏的「自救宣言」,並流傳到美國。同年,王育德出版了《臺灣──苦悶的歷史》,這是「臺

〔註18〕邱明輝:《國民黨宣佈我是叛亂第一司令》,《新新聞》1991 年 5 月 13 日～19 日。
〔註19〕許維德:《發自異域的另類聲響～戰後海外「臺獨」運動相關刊物初探》,《臺灣史料研究》2001 年 17 號。

獨」勢力的所謂「經典著作」。1965 年，廖文毅的所謂「政府」結束之後，「臺灣青年會」第二次改組，成立「臺灣青年獨立聯盟」，該組織首次達到初具規模的程度，資源與編制都有增加，並與其它海外「臺獨」組織建立起聯絡網。辜寬敏是「青年聯盟」轉型的關鍵，另外還有黃昭堂、許世楷等人加入王育德一夥，為開拓所謂「臺灣國際地位」的研究而努力。《臺灣青年》在美、日等國的臺灣留學生中產生了一定的影響。例如，鄭自財就是在美國閱讀了它之後，謀刺蔣經國。1985 年，王育德死在《臺灣青年》的工作崗位上。

五、高俊明、黃彰輝等人在島內外開展的「臺獨」活動

高俊明最主要的「臺獨」活動，就是促成了臺灣基督長老教會的三次「臺獨」聲明。長老教會在臺灣有 100 多年的歷史，有幾十萬教徒，影響很大，其政治主張特別值得關注。因而，高俊明在教會內部的「臺獨」活動，危害很大。

1971 年 10 月 25 日，中華人民共和國取代國民黨政府進入聯合國，引起了島內外「臺獨」勢力的極大恐懼。12 月 29 日，臺灣基督長老教會總會議長劉華義、總幹事長高俊明發表了《臺灣基督長老教會致海外教會公函與聲明》，附帶《臺灣基督長老教會國是聲明與建議》。他們把聲明的英文稿發到美國國務院、羅馬教廷、日內瓦普世教協、世界長老教會聯盟、英、美、德、日、加、印、菲等國的基督教協會，並陸續獲得了美國國務院和羅馬教廷等的支持。[註20]

第二次聲明是發表於 1975 年 11 月 28 日的《我們的呼籲》。因為警備總司令部屢屢派人到臺北聖經公會，沒收新翻譯的閩南語《聖經》，所以高俊明打著抗議當局違反宗教自由與使用母語權力的旗號，而發表了「臺獨」聲明。

最重要的一次聲明則是 1977 年 8 月 16 日的《臺灣基督長老教會人權宣言》，當時美國政府已決定和中華人民共和國進行關係正常化的談判。該宣言向國民黨政權呼籲「臺獨」。「政府於此國際危急之際，面對現實，採取有效措施，使臺灣成為一個新而獨立的國家」。「那是 40 年來，臺灣島內第一次公開提出臺灣獨立的主張。」[註21] 高俊明還把《人權宣言》通知美國國會，

〔註20〕黃武東著：《黃武東回憶錄——臺灣長老教會發展史》，前衛出版社，1988 年
　　　9 月初版，第 342 頁。
〔註21〕《憂國憂民宗教家高俊明》，林衡哲編著：《廿世紀臺灣代表性人物（一）》，

眾議員李奇立即提出決議案以示支持。

「美麗島事件」後，高俊明因藏匿施明德而被捕入獄四年。這使得臺灣的政治與宗教衝突達到了最高峰。和廖文毅等其他「臺獨」分子一樣，高俊明也是極力謀求外來勢力的庇護，並以此爲榮。「我始終主張臺灣教會應該重新加入『普世教協』，不應該孤立於國際社會。」在獄中時，高俊明受到了外國教會的關照，這讓他感激涕零。「甚至英國、美國、加拿大、德國、日本、韓國等教會，都曾派代表特地到臺灣來探訪我們。其中，讓我最感動的就是天主教的教宗若望保祿二世，他特地派在臺灣的代表到監獄探訪我。」〔註22〕

1984年8月15日，高俊明出獄，更加頻繁地發表各種各樣的聲明，極力宣傳自己的「臺獨」主張。〔註23〕1989年4月，高俊明從19年的總幹事位子上退休，更加積極地參加各種所謂「新臺灣、新國家」的重建活動。〔註24〕

在美國響應高俊明「臺獨聲明」的主要人物，有黃彰輝、林宗義、宋泉盛、黃武東4人。他們在美國的臺灣人中發起了所謂的「臺灣人民自決運動」。1973年3月19日，在紐約的黃彰輝等4人，邀請在美國、加拿大等國的臺灣人代表21名，齊集華府，製定「自決運動」的方針，草擬《臺灣人民自決運動宣言》。次日，他們在全國記者俱樂部舉行新聞記者招待會，宣讀該宣言，並宣稱將動員海外臺灣同胞來支持「臺灣人民自決運動」，「以爭取臺灣人民決定自己命運的神聖權利和自由」。〔註25〕

1978年底，卡特宣佈中美外交正常化，「自決運動」組織與美國國會議員李奇聯繫。於是，1979年6月，經李奇國會辦公室的安排，美國國會參眾兩院外交委員會及國務院邀請長老會代表王再興、謝禧明兩位牧師，臺美協會彭明敏及「自決運動」組織的魏瑞明，參加《與臺灣關係法案》國會立法的聽證會。〔註26〕

1984年11月15日，黃彰輝牧師在紐約拜會1984年諾貝爾和平得主托杜主教（BISHOP DESMOND TUTU），雙方就南非和臺灣的現狀交換意見。托

第211頁。

〔註22〕黃旭初：《臺灣的天空——名人開講選集（2）》，月旦出版公司，1993年4月版，第202～203頁。

〔註23〕臺灣省文獻委員會：《臺灣近代史（文化篇）》，1995年6月版，第251頁。

〔註24〕《憂國憂民宗教家高俊明》，林衡哲編著：《廿世紀臺灣代表性人物（一）》，第215～217頁。

〔註25〕前引《黃武東回憶錄》，第348、349頁。

〔註26〕前引《黃武東回憶錄》，第352頁。

杜說「如果南非先進入聯合國，會支持臺灣進入聯合國。」〔註 27〕

六、彭明敏的「臺獨」活動

彭明敏「臺獨」活動可歸納如下：

1. 彭明敏組建、參加和領導「臺獨」組織，主要活動和目標是爭取美、日等國支持「臺獨」，後來並希望用選舉取得執政大權。

1964 年，彭明敏與其學生魏廷朝、謝聰敏形成了一個「臺獨」小組織。該組織於 9 月 20 日前後秘密散發《臺灣人民自救運動宣言》傳單，鼓吹「臺獨」。〔註 28〕彭明敏因此當年被判刑 8 年，但第二年就獲得了特赦。在駐臺美國人的幫助下，他於 1969 年逃到瑞典，次年又轉到美國，創辦「臺灣研究所」，組建「臺美協會」，並自任會長。彭明敏的出逃，振奮了海外的「臺獨」分子，也促進了他們的整合。因為許多「臺獨」小組織的核心分子，都是彭明敏的學生。1970 年 1 月 1 日，包括臺灣在內的 5 個地域的「臺獨」小組織統合成「臺灣獨立聯盟」，總部設在紐約。1972 年 4 月，彭明敏被推舉為「臺獨聯盟」總部主席。〔註 29〕

1982 年 2 月 13 日至 14 日，彭明敏在洛杉磯參與籌組「臺灣人公共事務會」（FAPA）。該會宗旨「配合島內民主力量，促進臺灣的自由民主；宣揚臺灣人民追求民主、自由的決心，造成有利於臺灣住民自決和自立的國際環境；維護和增進海外臺灣人社會之權益。」創會之初，彭明敏出任 FAPA 名譽會長。該會在美國國會舉辦系列活動，討論臺灣政治及人權狀況等。該會會員發展到八百人。〔註 30〕1985 年 10 月，彭明敏出任 FAPA 第三任會長。1986 年 5 月 22 日，就《與臺灣關係法》執行情形、臺灣的政治和人權狀況，美國眾議院亞太小組舉行了聽證會，彭明敏被邀請出席作證。〔註 31〕1989 年，彭明敏脫離 FAPA，組織「亞太民主協會」，並自任會長。

彭明敏「臺獨」活動的頂峰，是代表民進黨參選 1996 年的臺灣「總統」

〔註 27〕陳榮儒編著：《FAPA 與國會外交（1982～1995）》，前衛出版社，2004 年，第 24 頁。

〔註 28〕彭明敏：《自由的滋味》，李敖出版社 1995，附錄。

〔註 29〕戴天昭著、李明峻譯：《臺灣國際政治史》（完整版），臺北，前衛出版社，2002 年，第 726 頁。

〔註 30〕陳榮儒編著：《FAPA 與國會外交（1982～1995）》，前衛出版社，2004 年，第 5 頁、59 頁。

〔註 31〕同上第 40 頁。

大選。他一直關注民進黨。1986 年 10 月 4 日，民進黨海外組織即在洛杉磯成立，彭明敏擔任當天成立大會的名譽主席，發表專題演講《新黨面臨的挑戰》，教導民進黨在新的政治態勢下觀念上、做法上必須有調整適應。〔註32〕

爲了控制派系複雜的民進黨，1995 年彭明敏參加民進黨，通過黨內初選，代表民進黨參選中華民國「總統」，其副手是謝長廷。民進黨候選人彭明敏謝長廷、國民黨候選人李登輝連戰、新黨候選人林洋港郝柏村、獨立候選人陳履安王清峰四組人馬，競選首位直接民選的中華民國「總統」。在競選過程中，彭明敏乘機竭力向全臺灣宣傳其「臺獨」主張。1995 年 12 月 12 日，他表示，要將選戰主軸定位爲「臺灣和中共代理人的戰爭」，次日又改爲「終結外來政權」。12 月 21 日，「彭、謝競選總部」成立，葉菊蘭擔任競選總幹事。民進黨主席許信良認爲，應以「大和解」作爲民進黨的競選主軸，但葉菊蘭等人則堅持以「要獨立、反統一、愛和平」爲競選主軸。1996 年 2 月 24 日，彭明敏發表所謂《新臺灣自救宣言》。〔註33〕最後，彭明敏提出的競選主軸是「和平尊嚴、臺灣總統」。〔註34〕

選舉失敗後，爲了牽制民進黨內部以許信良爲代表的主張兩岸交流、「強本西進」的力量，督促民進黨落實「臺獨」綱領，監督民進黨不要和國民黨聯合「組閣」，彭明敏籌組「建國會」，並親自擔任會長。「建國會」是民進黨內部的次級團體，彭明敏通過它控制著民進黨。2000 年，彭明敏在體制外，李登輝在體制內，相互配合，密切合作，終於實現了「臺獨」勢力掌權的所謂「政黨輪替」。

2. 彭明敏致力於研究、宣傳所謂「臺獨」理論，妄圖消滅臺灣人的中國情結或者說對中國的認同，積極建立所謂「臺灣的主體性」，實現臺灣人對「臺灣國」的認同。這是彭明敏從美國返回臺灣後最關注的任務。他認爲，只有臺灣人認同臺灣，才能眞正地實現「臺獨」的夢想。

1976 年，彭明敏和黃昭堂合夥在東京出版了《臺灣的法律地位》，從國際法的角度研究臺灣歷史，否認中國對臺灣擁有主權。他們妄圖藉此把「臺獨」活動在國際上「合法化」。

〔註32〕陳世宏、周琇環編注：《組黨運動——戰後臺灣民主運動史料彙編（二）》，第598 頁。

〔註33〕沈國屛、莊勝鴻：《棄彭保李的魅影讓彭明敏綁手綁腳》，《新新聞》1996 年 3 月 24～30 日，第 45 頁。

〔註34〕《新新聞》1996 年 1～2 月。

　　1992 年 11 月，彭明敏返回闊別的臺灣。在島內，他主要通過環島演講、接受媒體採訪、辦基金會、出版書籍、發表競選演說等方式，宣傳「臺獨」觀點。彭明敏遍訪臺灣各地，四處鼓吹「確立臺灣的主體性」，強調「臺灣要為臺灣而活，不要成為其它目的的工具」，呼籲建立「臺灣命運共同體」。他認為，儘管臺灣的民主化已具雛形，但仍須克服過去歷史遺留下的積弊與陋習，面對未來的變局，以迎接新時代的挑戰。「如果我們不努力從事政治、經濟、社會、文化的重整，設計以臺灣為主體性的基礎結構。」臺灣就沒有希望。〔註 35〕

　　1995 年，彭明敏出版了《彭明敏看臺灣》一書，圍剿他眼中所謂的「中國情結」。「臺灣民主能否落實推展，臺灣人民能否生存發展，全繫於為政者和人民能否以理智和良知將中國情結徹底揚棄，完全認同臺灣，一致團結，全力建設新的社會、新的海洋文化。」〔註 36〕

　　「彭明敏文教基金會」於 1994 年 3 月正式成立，號稱主要研究國際政治，而實際上主要地是宣傳彭明敏的「臺獨」觀點，爭取日、美的反華勢力支持「臺獨」。〔註 37〕號稱研究環保、文化、教育、青少年問題等，「共同思考臺灣的未來，探討臺灣所面臨的新課題，」實際上是向各界群眾和青年學生宣傳「臺獨」觀點。

　　第一屆董事會成員有陳水扁、謝長廷、張俊宏、李鴻禧、吳豐山、辜寬敏、吳澧培等 20 人。首任執行長由陳永興擔任。該基金會的主要活動及其主題概括如下：1994 年 3 月 14 日在臺北舉辦「臺灣與日本——過去、現在與未來」學術活動；1995 到 1996 年，圍繞「『總統』大選，政治改造」舉辦各種造勢活動。1998 年 3、5、6 月分別在臺北、臺中、高雄舉辦「新文化、新社會、新臺灣人」研討會。1998 年設立鯨魚網站，教育臺灣青年。舉辦各種研習會教育青年。

　　所有這些活動，都圍繞著所謂「臺灣研究，國家認同」一個中心。彭明敏對臺灣青少年說，臺灣社會最大的危機是「認同問題」。所謂的認同：包括國家認同、社會的認同、歷史的認同、文化的認同、土地的認同、語言的認同等。很多人，尤其是年輕一代，不知道自己是哪國人？為什麼住在這個地

〔註 35〕李俊達：《我們最關心的是國家認同——彭明敏文教基金會的過去、現在和未來》，《臺灣史料研究》，第 2002 年第 18 號。

〔註 36〕彭明敏文教基金會編：《彭明敏看臺灣》，臺北，遠流出版公司，1995 年。

〔註 37〕《新新聞》1994 年 3 月 6 日～12 日。

方？這種認同的混亂和迷思就是臺灣社會最大的危機。〔註38〕

七、楊基銓、辛文炳、張德水、何既明的「臺獨」活動

在李登輝統治時期，臺灣島內的「臺獨」活動十分猖獗。一些日據時期的臺灣留日學生，紛紛跳出來搞「臺獨」活動。他們有著共同的思想，那就是：反對中國，反對國民黨，想要追尋一個臺灣人自己的國家。〔註39〕這裏只舉幾個典型的例子加以說明。

楊基銓，高等文官考試行政科及格，臺灣總督府殖產局官員，1941年為宜蘭郡守，成為日據時期臺灣人從政中最年輕的文官。臺灣光復後，他歷任「經濟部次長」、土地銀行、華南銀行董事長等要職。1997年，他創辦「國際文化基金會」，自任董事長。該基金會「要以文宣或研討會方式，使國人及政府當局重新認識我們所居住、我們生活所寄託的這塊土地──臺灣。」其終極目的，則是要建立「一個主權獨立、有民主、有自由、有尊嚴，在國際上能頂天立地昂首闊步的臺灣共和國。」他利用該基金會舉辦研討會，在報刊上發表文章，呼籲「臺獨」。〔註40〕

辛文炳，1950年以後，依靠自己的經濟實力當選臺南市「議員」、「議長」、「市長」、「立委」，1996年被李登輝聘為「國策顧問」。辛文炳認為，臺灣是「外來政權的非法佔領」，「中華民國在金、馬」才屬合法，在臺灣則是不能代表臺灣人民與主權的外來政權。1998年12月，為了表示不能認同「中華民國在臺灣」的說法，同時也為了公開宣揚「臺灣主權獨立」的主張，辛文炳遂主動辭去了「國策顧問」職務。為了將「臺灣應該走出去」的信念落實，辛文炳除了極力支持臺灣加入聯合國的活動外，在去世前不久，特地花鉅資購買臺南的版畫家林智信耗時20年完成的臺灣《迎媽祖》版畫一套，贈送給其母校明治大學，要讓更多國際人士有機會認識臺灣文化。〔註41〕

張德水，1946年後歷任嘉義市長、「行政院」「經合會」專員等職。退休後，他積極從事「臺獨」活動，出版《激動！臺灣的歷史》一書，肆意篡改

〔註38〕 李俊達：《我們最關心的是國家認同──彭明敏文教基金會的過去、現在與未來》，《臺灣史料研究》，2002年第18號。

〔註39〕 陳柔縉：《最貼近李登輝心靈的人談李登輝──臺灣歐吉桑有力！》，《新新聞》2001年7月26日～8月1日，第751期。

〔註40〕 《楊基銓回憶錄》，臺北，前衛出版社，1996年。

〔註41〕 謝國興訪問：《辛文炳回憶錄》，《府城紳士──辛文炳和他的志業》，第246頁～249頁。

臺灣歷史，藉以鼓吹「臺獨」。他在書中把中國人稱爲「支那人」，這是日據時期日本人對中國人的蔑稱。〔註42〕

除上述比較出名的三個人之外，退休醫生何既明也創辦了「南海基金會」，極力從事「臺獨」活動。

八、李登輝的「臺獨」活動

李登輝，1943 年考入京都帝國大學農業部農林經濟科，1944 年參加日軍炮兵，1946 年回臺灣插入臺灣大學繼續學習，1953 年任臺灣省合作金庫研究員，1954 年任「農林廳」技正，1972 年任「行政院政務委員」，1978 年 6 月任「臺北市長」，1981 年任「臺灣省政府主席」，1984 年任第七任中華民國「副總統」，1988 年 1 月繼任國民黨代理主席和中華民國「總統」，兼任「國家安全會議主席」。1996 年 5 月，他當選第九任中華民國「總統」，兼任國家統一委員會第四屆主任委員和「憲政」研討委員會主任委員。2000 年 5 月以後，他擔任臺灣綜合研究院名譽董事長。

1988 年，蔣經國去世後，李登輝掌握了臺灣的黨政大權，其「臺獨」活動逐漸從地下走向公開，影響非常之大。據徐博東先生研究，在 1991 年即李登輝統治的初期，海外「臺獨」組織的活動重心已完成向島內的轉移，海內外「臺獨」勢力業已合流。他們在組織上加強了整合，統一了行動；他們鑽進民進黨並把它轉變成「臺獨」黨，以政黨面目進行活動；他們有統一的鬥爭綱領，長期的就是「獨立建國」，短期的就是和國民黨爭奪「修憲」主導權。〔註 43〕總之，從此之後，島內的「臺獨」活動愈演愈烈。這是李登輝縱容和支持的結果。2000 年，在他的謀劃和幫助下，民進黨以微弱多數掌權。

第二節　臺灣留日學生的所謂「臺獨」理論及其危害

由於在日本受到了良好的教育或者說具有優越的文化資本，從事「臺獨」活動的留日學生，都有能力編造和宣傳所謂「臺獨」理論。他們編造的「臺獨」理論和他們在日本學習的政治文化密切相關。在早稻田大學政治科留學時，史明就閱讀了大量的社會主義和無政府主義的作品。所以，史明的所謂

〔註42〕張德水：《激動！臺灣的歷史》，前衛出版社。
〔註43〕《1991 年「臺獨」問題綜述》，徐博東：《大陸學者眼中的民進黨》，臺北，海峽學術出版社，2003 年。

「臺獨」理論，主張階級論和暴力鬥爭。在日本就讀中學時，高俊明就研讀日本新興宗教「創價學會」、「生長之家」出版的刊物。最終，他在內村鑒二所著的《求安錄》中發現了他的真理：耶穌基督才是人類的救世主。受了日本宗教影響，他就披著宗教外衣進行「臺獨」活動。彭明敏在日本學的是國際法，他就從國際法的角度製造「臺獨」謬論。留日學生危害比較大的「臺獨」理論，簡單介紹如下：

一、廖文毅的所謂「臺獨」理論

廖文毅的所謂「臺灣民族混血論」：「臺灣人不是漢民族，而是高山族、西班牙人、荷蘭人、日本人、漢人的混血種。」〔註44〕廖文毅提出這個連他自己都不相信的觀點，完全是為了實現其「臺獨」政治野心，目的是想割斷臺灣和大陸的血脈聯繫，抹煞 95%的臺灣人是漢族人的基本事實，這當然不會成功。但是，值得指出的是，廖文毅開創了一個先例：「臺獨」勢力總是千方百計抹煞臺灣和大陸的一切關係和聯繫。

所謂「臺灣自決論」。這是廖文毅在 1947 年「二二八事件」發生後提出的。對此，廖文毅解釋說，「經由這次民變，已經證明了中國無能統治臺灣，現在臺灣人民生活的痛苦已經到了極點，中國局勢日益趨於紊亂，中國政治決不能在短期內走上軌道，因此等到中國時局澄清的時候，臺灣人民料必餓死半數以上。臺灣有臺灣自身的特殊條件，現在臺灣人民唯一的出路，只有爭取自決權，暫時脫離中國。」

所謂「聯合國托治論」。廖文毅知道自己搞「臺獨」不得人心，只能尋庇於美國，寄希望於所謂「聯合國托治」。「臺灣的歸屬問題，應在對日和約會議重新討論，但必須尊重臺灣人的意志，應舉行公民投票來決定。但在舉行公民投票以前，應准許臺灣人先脫離中國，而暫時置於『聯合國托治理事會』管理之下。」

所謂「公民投票」決定臺灣前途論。「托治期限結束的三個月以前，應舉行公民投票，以決定仍屬中國，或脫離中國，或屬他國或完全獨立。公民投票時，聯合國應組織代表團來監察。倘或公民投票的結果，要仍屬中國的時候，必須與中國政府簽約，在憲法上保障臺灣為一自治領，臺灣必須有獨自

〔註44〕《臺灣民本主義》，臺灣民報社，東京 1956 年。Claude Geoffroy：《臺灣獨立運動——起源及 1945 年以後的發展》。

建軍的權利,中國軍隊不得駐屯臺灣。」〔註45〕

廖文毅提出的「公民投票自決論」,後來竟然成為「臺獨」勢力頂禮膜拜的一個「政治圖騰」。

二、史明的所謂「臺獨」理論

史明的所謂「臺灣民族論」的基本內容,「臺灣人,因和中國人具有同一的血緣關係,所以在種族上是同屬『漢族』,這點無可否認,然而,臺灣在另一方面,和中國大陸相隔絕的地理條件下,……到了日本統治的末期,臺灣社會和臺灣人已經超越了和中國人的血緣關係,而在和中國不同範疇的社會基礎上,即在不同甚至對立的『經濟生活和政治命運』的因素上,發展為單獨、單一的『臺灣民族』。」

史明的政治理念:他主張對「臺獨」分子進行理念和組織方法的訓練,因為沒有理念就會失敗。「國民黨有三民主義,共產黨有共產主義,中國人有中國民族主義,臺灣人要反體制,若沒有理念如何革命?……他們是中國民族,我們是臺灣民族,臺灣人想建立獨立國家,建立國民經濟而非殖民地被剝削的經濟,想要發展固有的文化,這就是我們的中心理念,在此理念下,大家結合才是組織,有此理念才能組織別人。」

史明還主張,「臺獨」要走群眾路線,「中產階級想要領導下層的人,中產階級應與下層的人同甘共苦,人家把你推上來,你才是領導人,臺灣的中產階級對這點都還未覺醒。」〔註46〕

三、李登輝的所謂「生命共同體」和「兩國論」

李登輝「臺獨」活動的中心,是提出所謂「兩國論」,破壞海峽兩岸關係的和平發展。「兩國論」的提出有一個過程,這也是李登輝逐步暴露其「臺獨」真面目的過程。李登輝一直是個暗藏的「臺獨」分子,1990年代初,他當上「總統」和國民黨主席之後,就積極推動「臺獨」活動合法化。前文論述史明時已經指出,李登輝對「行政院長」郝柏村抓「臺獨」案件很不滿意,使國民黨對「臺獨」的態度逐漸轉變。「臺灣作為一個國家」、「臺獨」等言行的

〔註45〕柯喬治:《被出賣的臺灣》,前引王曉波書,第308～310頁。戴天昭:《臺灣國際政治史》,第312頁。
〔註46〕史明:《民族形成與臺灣民族》,《臺灣四百年史》,東京,1992年,第221頁;。

禁忌，1992 年初在臺灣島內就被打破了。〔註47〕

　　1993 年 12 月，權力穩固之後的李登輝，開始提出「生命共同體」治國理念，製造分離意識。這是脫胎於彭明敏等人提出的所謂「臺灣人的命運共同體」口號。〔註48〕1994 年 4 月 14 日，在接受《自由時報》訪問時，李登輝說：「現階段是『中華民國在臺灣』與『中華人民共和國在大陸』，我們應該儘量忘記一個中國、兩個中國這種字眼。」〔註49〕在和司馬遼太郎談話時，李登輝毫不掩飾自己企圖建立臺灣國的信念和內心的期待，要帶領臺灣人民「出埃及」。他甚至公然指責國民黨政府是「外來政權」。「中國一詞也混淆不清。」〔註50〕

　　李登輝說國民政府是「外來政權」，徹底地公開了其「臺獨」分子的真面目，為何他還能在後來的選舉中仍然能夠當選「總統」？原來，「外來政權」之說，並不是他的發明，不少留日學生早有此說。1950 年代，失意的林頂立常和郭秋煌、朱昭陽、許鶴年等人常常聚集在一起談論時政。他們認為，國民政府欺負臺灣人，是「外來政權」，甚至鄭成功政權也是「外來政權」，還不如荷蘭人好。可見，「外來政權」說有一定的社會基礎。許鶴年，日本大學肄業，曾做過偽滿洲國專賣署官員。〔註51〕

　　1999 年 7 月 9 日，李登輝接受「德國之聲」記者訪問，回答有關臺灣獨立問題時正式提出所謂「兩國論」。「1991 年修憲以來，已將兩岸關係定位在國家與國家，至少是特殊的國與國的關係，而非『一個合法政府，一個叛亂團體』，或『一個中央政府，一個地方政府』的『一個中國』的內部關係。」「我國政府統治的正當性就只有來自臺灣人民的授權，與中國人民無關。」〔註52〕李登輝的講話，打斷了兩岸的政治談判進程，使海協會和海基會接觸、交流、對話的基礎被破壞了。當年 10 月海協會會長汪道涵訪問臺灣的計劃被迫取消。〔註53〕

〔註47〕黃旭初：《臺灣的天空——名人開講選集（2）》，月旦出版社，1993 年，第 83 頁。
〔註48〕前引戴天昭：《臺灣國際政治史》，第 799 頁。
〔註49〕「行政院新聞局」編：《李『總統』登輝先生八十三年言論選集》，新聞局，1995 年，第 350 頁。
〔註50〕臺北，《自立晚報》1994 年 5 月 14 日。
〔註51〕許雪姬：《日治時期在『滿洲』的臺灣人》，第 417、419 頁。
〔註52〕《新新聞》，1999 年 7 月 15 日到 21 日。
〔註53〕前引戴天昭：《臺灣國際政治史》，第 883 頁。

　　李登輝的「兩國論」，不僅破壞了兩岸之間的政治談判進程，也爲他扶植的民進黨政權定下了執政的基調。

四、彭明敏的「臺獨」觀點及其影響

　　彭明敏號稱「臺獨」理論家，因其精通國際法，他的「臺獨」觀點更務實、更具蠱惑性、影響範圍更廣。1990 年代以後島內的「臺獨」勢力猖獗，很大程度上受其影響。其「臺獨」觀點中的主要幾點歸納如下：

　　1. 所謂「一中一臺論」。

　　彭明敏認爲，臺灣和中國沒有多少關係，中國是中國，臺灣是臺灣。

　　早在 1964 年 9 月的《臺灣人民自救運動宣言》一文裏，他就鼓吹「世界必須承認一個中國和一個臺灣。」1971 年 10 月 27 日，彭明敏在《紐約時報》發表《臺灣的將來》短文，批評說：臺灣屬於中國是個新神話。「事實上，臺灣與中國的關係在 1895 年以前非常曖昧，二者幾乎僅止於名義上的關係。」「以臺灣做主體，中國是次要的，這個觀念就是『一中一臺』。」〔註 54〕

　　2. 所謂「臺灣地位未定論」。

　　「更何況自 1945 年以來，臺灣的法律地位仍屬未定。」〔註 55〕

　　這個「臺灣地位未定論」是「臺獨」分子奉爲圭臬的「金字招牌」，始作俑者是美國的反華勢力，完全是美國推行世界霸權的產物。眾所週知，《開羅宣言》、《波茨坦公告》等國際公文，已明確把臺灣歸還中國。但是，隨著國民黨在大陸的節節敗退，1948 年底開始，美國政府內部出現了「臺灣地位未定」的議論。國務院政策規劃局長喬治・肯楠及其副手保羅・尼茲，以及主管遠東事務的副國務卿魯斯克等人，都曾提出過這個論調。1950 年 6 月 25 日朝鮮戰爭爆發後，27 日美國總統杜魯門發表聲明，命令第七艦隊進駐臺灣海峽，還聲稱「臺灣未來地位的決定必須俟太平洋安全的恢復、對日和約的簽訂或經由聯合國的考慮。」杜魯門抹煞了盟國戰時協議和美國自己的承諾。〔註 56〕所以，「臺灣地位未定論」毫無事實和法律依據。

　　3. 所謂「以命運共同體爲認同基礎的現代國家論」。

〔註 54〕前引黃旭初：《臺灣的天空——名人開講選集（2）》，月旦出版社，1993 年，第 26～28 頁。

〔註 55〕前引黃旭初：《臺灣的天空——名人開講選集（2）》，第 27 頁。

〔註 56〕林博文：《「臺灣地位未定論」的來龍去脈》，《中國時報》，2000 年 5 月 29 日。

　　彭明敏受到雷南（E.RENAN）「命運共同體」理論的啓發，首先提出以「臺灣國」爲一切基礎的理論。「中國人必須學習從政治和法律中區別民族的血統和文化。〔註57〕「在現代社會中『國家』之『認同』的基礎，常建立在後天的共同利益或命運上。」他以美國的德裔人以德國文化爲榮爲例，說明「文化認同和政治、法律的認同完全是兩回事情嘛！」〔註58〕

　　無可否認，在所有留日學生提出的形形色色的「臺獨」理論中，彭明敏的「臺獨」觀點最具欺騙性，危害也最劇烈。其原因是：

　　彭明敏是國際法權威，在學理上具有迷惑性。他的「命運共同體」論調與廖文毅等人否認臺灣人漢族血統的「臺灣民族主義理論」比較，更能令人接受。

　　彭明敏竭力欺騙拉攏外省人支持「臺獨」。「99%的外省人的老百姓，他們有什麼特殊的利益可以保護？」「民主制度才是人人平等，這才是任何人，包括外省人、臺灣人唯一的保障，就是『民主化』。但是，幾十年來一貫的，嘴巴說不可以分化省籍，但最想利用、故意分化省籍來統治的就是國民黨。」〔註59〕

　　彭明敏的作風相對「民主」，善於運用僞裝迂迴戰術。在美國時，他僞裝成「自決派」的，「主要原因是當時人在外國，『在外國說臺灣要獨立，我們馬上遇到的問題是，美國議會問說，你臺灣爲什麼要獨立？你在美國，怎知道臺灣人要獨立？』」回臺灣後他就轉變成「臺獨」核心。「我住在臺灣，我可以說，我要臺灣獨立，所以我過去說臺灣人要自決。」〔註60〕

　　據許信良回憶，1990 年代中前期，民進黨內「臺獨」勢力坐大，主要受兩股勢力影響，一是從島外歸來的所謂「臺獨」理論家，當然以彭明敏爲代表，一是基督教長老會。一時間，「臺獨」觀點主導了臺灣輿論潮流，甚至連國民黨也無法抗拒和反駁。〔註61〕可見彭明敏等人的「臺獨」觀點的影響力。

〔註57〕　前引戴天昭：《臺灣國際政治史》，第 925 頁附錄。

〔註58〕　前引黃旭初：《臺灣的天空──名人開講選集（2）》，第 26～28 頁。

〔註59〕　前引黃旭初：《臺灣的天空──名人開講選集（2）》附錄，黃旭初 1992 年 12 月 7 日採訪彭明敏。

〔註60〕　莊勝鴻：《彭明敏與民進黨緣盡情已了！》，《新新聞》1996 年 4 月 14 日到 20 日。

〔註61〕　許信良在廈門大學臺灣研究院的演講，作者提問並記錄，2007 年 4 月 13 日。

第三節 臺灣留日學生領導或參加「臺獨」的原因

上述「臺獨」頭目和骨幹分子的世界觀、人生觀和價值觀，基本上都日本化了。這導致他們對民族、宗教、倫理、歷史、政治、外交、審美等各個方面的看法，也幾乎和日本人一樣。李登輝十分信仰日本哲學家西田幾多郎「場所的哲學」，他據此提出了所謂「生爲臺灣人的悲哀」。李登輝的歷史觀，來源於日本軍國主義和戰後的新右翼政治勢力。他反對日本就侵略亞洲鄰國做出徹底反省，〔註62〕他默認釣魚島的主權屬於日本。〔註63〕高俊明所信奉的，實際上是日本式的基督教。王育德說，日本人敏銳、細膩，具有審美觀，有漢族文化所沒有的武士道精神，有求美、求眞的理念及閒情雅趣。戰後日本對自由主義、民主主義的信念及努力，堪做臺灣模範。〔註64〕這些都是戰後「臺獨」頭目和骨幹分子瘋狂進行「臺獨」活動的思想根源。

因本文的重點是論述日本政治文化對戰後臺灣政治的影響，所以，這裏只挖掘日本法西斯主義、軍國主義、武士道精神對「臺獨」分子的影響。

上述「臺獨」分子參加並領導「臺獨」的原因可概括爲三點：第一，在青少年時期接受了歧視和侵略中國等亞洲國家的日本軍國主義影響，在思想深處認同這種政治文化。這是「臺獨」分子輕視甚至仇視中國的思想根源。第二，對政治現實不滿。第三，現實利益受到損害。這三大原因有時是互相交織在一起的。

一、日本軍國主義和武士道精神的影響

戰後參加「臺獨」活動的骨幹分子，關於他們出生和留學的時間，參考下表：

表3-1 重要「臺獨」分子出生留學時間分析表

姓　名	出生年	家庭背景	留學時間及學校	是否日本官員
廖文毅	1910	大地主	1925〜27年，京都同志社中學	
吳振南	約1914年		1927〜48年，醫學博士	

〔註62〕 龍應台：《龍應台挑戰李登輝錯誤史觀》，《新新聞》1998年3月11日〜17日。
〔註63〕 杜聖聰：《中共正在看李登輝會否修理幫他造勢的日本右翼》，《新新聞》1996年9月15日〜21日。
〔註64〕 王育德著、侯榮邦等譯：《臺灣獨立的歷史波動》，前衛出版社，2002年7月初版，第167頁。

楊逸民	1909		1939 年畢業，東京高等師範	
廖溫進	約 1916	大地主	1936 年前後，明治大學商科	
陳智雄	1916		中小學、東京外語學校	日外交部官員
黃紀男	1915		1935 年前後，日本大學	日軍教官
廖史豪	1923	大地主	小學、中學、大學	日軍炮兵少尉
陳火桐	1925	富商	1943 年後，小學、法政大學	
鍾謙順	1914		1933 留學東京麻布獸醫學校	日軍少佐
藍家精	1904	大地主	1918～1931 年，京都帝大	汪偽政府中將
鄭瓜瓞			1940 年前後京都帝大經濟	
史明	1918	大地主	1942 年畢業於早稻田大學	
王育德	1924	地主	東京帝大	
高俊明	1929	基督教家庭	1939 年後，小學、青山學院中學部	
黃彰輝			東京帝大	
林宗義			1940 年考入東京帝大	
彭明敏	1923	醫生	中學、東京帝大	
李登輝	1923	警察補	1943 年考入京都帝大	日軍炮兵
楊蘭洲	1907	大地主	1932 年畢業於東京商科大學	偽滿洲國高官
邱永漢	1924		1945 年畢業於東京帝大	
蔡西坤	1915		1935 年前後，京都帝大	日本警察
楊基銓	1918		1938 年前後，東京帝大	總督府官員
辛文炳	1911	富商	1936 年畢業於明治大學	
張德水	1920		1939 年後讀中學、東京帝大	參加日軍
何既明	1923	富商	東京醫科大學	

資料來源：應大偉：《臺灣人檔案（之一）》；施明雄著：《臺灣人受難史》，臺北，前衛出版社，1998 年 2 月。邱永漢：《我的青春‧臺灣我的青春‧香港》，臺北，不二出版社，1996 年。許雪姬等：《日治時期在『滿洲』的臺灣人》。黃紀男：《黃紀男泣血夢回錄》，臺北，獨家出版社，1991 年。許雪姬等：《藍敏先生訪問紀錄》。

　　上表中的「臺獨」骨幹分子，基本上都是 1910 年之後出生的，他們都是 1930 年前後才到日本留學。這一時期，日本政治文化中的各種進步思潮受到摧殘，以侵略中國為主要內容的軍國主義橫行，他們深受影響。

日本軍國主義的本質，就是鼓吹所謂「大和民族優越論」和「日本至上主義」，歧視、誣衊和侵略朝鮮中國等亞洲鄰國。上述「臺獨」分子都深受日本軍國主義影響，數典忘祖，仇視中國，他們對中國人的稱呼都沿用日本侵略者的「清國奴」、「支那人」、「豬」等。「他們使用該詞表達對中國人的痛恨。這也是同時代、同年代有臺灣人意識的臺灣知識人所共有的感情。」〔註65〕所有的「臺獨」分子，都千方百計編造一個所謂「臺灣民族論」來，都是爲了和「劣等民族」漢族劃清界限。

廖文毅首倡注重血統的「臺灣民族主義」，王育德、史明也編造所謂的「臺灣民族主義」，彭明敏提出個「命運共同體」，李登輝編造了個「生命共同體」。他們最主要的目的是討好日本人。黃昭堂解釋說，由反共的日本人看起來，如果你說「臺灣人是反共的，所以臺灣人要獨立」，他們是會理解的。但是繼而「蔣介石不是也反共麼？同樣是漢民族，爲甚麼不合作而要獨立呢？」爲了讓日本人瞭解爲何要獨立，最簡潔明瞭的辦法就是證明「臺灣人不是中國人」。〔註66〕

實際上，黃昭堂沒有指出另一個原因。「臺獨」頭目們杜撰所謂「臺灣民族」的靈感來自於日本政治史。日本民族主義是近代日本的立國之源。近代日本受到歐洲列強衝擊，處於被西方殖民的邊緣。1868年明治維新的「王政復古」實質上是日本民族自救的政治措施。明治維新正是通過民族主義，才使日本取得民族自決，有了近代意義的民族、國家概念，建立了民族國家。〔註67〕

上列人物中，辛文炳具有代表性。辛文炳，1930年到明治大學留學6年，獲得民法學學士學位。他深受日本當時法西斯主義影響，熱愛日本文化中的武士道精神。他贊同日本的文官考試制度，因此在他擔任臺南市長時，市政府中的重要職務，一律優先揀選日據時期參加日本高等文官考試合格的人。〔註68〕

甚至在如何處理在臺灣的所謂「在臺大陸系人」問題上，「臺獨」分子也都要模倣日本人。「臺獨」分子夢想在臺灣獨立後，「在臺大陸系人」要回中

〔註65〕黃昭堂：《戰後臺灣獨立運動與臺灣民族主義的發展》，施正鋒編：《臺灣民族主義》教授論壇專刊2期，前衛1994年12月初版，第201頁。

〔註66〕同上第203頁。

〔註67〕邱建偉：《大民族主義與日本政治主流意識》，《理論導刊》2005年12期。

〔註68〕前引謝國興：《府城紳士──辛文炳和他的志業》，第81頁、85頁。

國的可以帶財產回國；要做所謂「臺灣共和國」國民的，辦理歸化手續；希望以中國人資格居住臺灣的，即以華僑的身份享受外國人待遇。這幾乎是所有「臺獨」分子的共識。因為 1895 年《馬關條約》第五條規定，臺灣住民有國籍選擇權，要從臺灣移出的住民可以處分其不動產。〔註 69〕所以「臺獨」分子也準備這樣對待在臺的「外省人」。

二、對政治現實不滿

留日學生擁有雄厚的經濟資本和優越的文化資本，政治野心都很大，一旦在政治上失意，就會對政治現實嚴重不滿，有的人就走向「臺獨」不歸路。楊基銓因為自己做的官小，退休後就進行「臺獨」活動。戰後首個「臺獨」組織是廖文毅的「臺灣再解放聯盟」，其名稱含義即國民黨由日人手裏解放臺灣，但因其貪污腐敗，必須由臺灣人自己再解放一次。它主張臺灣先由聯合國託管，再由公民投票決定臺灣隸屬中國還是獨立。黃紀男聽信了廖文毅的宣傳和不滿國民黨在臺灣的統治，才從事「臺獨」活動。1947 年 1 月 3 日，他參加周百鍊所領導的「艋舺青年俱樂部」演講會，因而結識了廖文奎、廖文毅。他們演講的內容，痛批臺灣行政長官公署無能，並提出「臺人治臺」，臺灣應在中國聯邦的體制下改革。〔註 70〕

由於不滿蔣介石的統治，藍家精在東京參加廖文毅的「臺獨」活動，抨擊戒嚴令、不平等待遇、言論不自由、外省人為統治者等。〔註 71〕

廖文毅最為典型，他走向「臺獨」的現實原因大致上可歸納為三個：現實政治上的挫折；政治理想的破滅；「二二八事變」後被通緝。

首先看其現實政治上的挫折。由於出身名門望族和具有雄厚的經濟資本和文化資本，廖文毅政治野心很大。他 1910 年出生於雲林西螺鎮大地主家庭，其叔叔廖煥章、廖行生以至廖文毅堂兄弟姐妹十幾口都留學日本，其中有五人獲得博士學位。廖文毅本人在京都同志社大學中學部留學，1935 年到中國大陸，任浙江大學教授，兵工署上校，1940 年回臺擔任數個企業的董事。著有《臺灣的糖業》、《軍需工業論》。臺灣光復之後，他回臺全身心投入政

〔註69〕黃昭堂：《戰後臺灣獨立運動與臺灣民族主義的發展》，前引施正鋒書，第 226 頁。

〔註70〕《朱江淮回憶錄》（上），第 160 頁。

〔註71〕許雪姬：《藍敏先生訪問紀錄》，第 98 頁、106 頁。

治。1945 年他創辦「臺灣民族精神振興會」，自任會長；創辦《前鋒》雜誌宣傳自己的政治主張。1947 年 4 月，廖文奎在上海組織「旅滬臺灣同鄉會」，廖文毅則組織「臺灣革新協會」。

　　但是，他在現實政治中始終不得志。在接收臺灣時，具有上校軍銜的廖文毅只是個毫無實權的接收委員。1946 年他又兩次政治選舉受挫。第一次是國民參政員選舉，廖文毅理應當選，而結果卻落選。〔註72〕第二次是 10 月舉行的「制憲國大」代表選舉，他在臺北市選區和連震東競爭，結果連震東得 22 票當選，廖得 7 票「候補」。

　　其次，廖文毅所提出的「聯省自治論」，由於不符合中國國情而無法實現。1945 年，廖文毅組織「臺灣憲政會」，主張「在中國聯邦實行溫和的社會主義，主張各省擁有高度自治權。」他在 1946 年 10 月參加「制憲國代」競選時明確提出「聯省自治」。他在 12 月 27 日的座談會上又說，「由廣大的中國看，必須實行地方自治。各地方得了健全發達再團結的中國，一旦有事可免國家的崩壞。一國的政治組織的理想方式，應該像寶塔式一樣，由下而上的。我們為謀建設國家的堅固基礎，必須由六百萬團結起來建設我們的臺灣。現在通過的憲法是比較的中央集權化——將來必須爭取更民主化，中央與地方均權的方式。」〔註73〕

　　再次，廖文毅、廖文奎兄弟在「二二八事件」後遭到通緝，有家歸不得。廖氏兄弟對現實嚴重不滿，在事變前到處發表演說批評臺灣行政長官公署。廖文奎曾經說「接收行政人員，多係貪污之流，……或公財私用，或敵產擅賣，或浮報不實……全無節用愛民，經國濟世之舉措，其腐敗卑劣每非臺胞所能想像。」〔註74〕他們對事變的發生有一定的影響。1947 年 2 月 25 日，廖文毅、廖文奎、廖史豪、林順昌等去上海，一是準備成立《前鋒》雜誌上海分社，一是要看臺灣省選出的「國大代表」在南京的表現。他們走後三天事變爆發。上海警備司令部認為事件是廖氏兄弟幕後策動的，遂下令通緝。1947 年 9 月 3 日，廖文毅逃往香港。結果，廖文奎被捕，後被上海市長吳國楨營救出獄，也到香港。〔註75〕

〔註72〕臺北，《人民導報》，1946 年 9 月 7 日；李筱峰：《二二八消失的臺灣精英》，第 43 頁。

〔註73〕臺北，《前鋒》第 11 期，1947 年 1 月 1 日出版。

〔註74〕李筱峰、劉峰松：《臺灣歷史閱覽》，第 158 頁。

〔註75〕《坎坷來時路（廖史豪）》，應大偉：《臺灣人檔案（之一）》，第 109～115 頁。

三、現實利益受到損害

留日學生絕大多數出身富裕家庭，他們在日據時期就有很高的社會地位和政治地位。在臺灣接收、「二二八事件」、以及後來的土地改革中，許多留日學生的政治、經濟利益受到傷害，其中一部份就憤而進行「臺獨」活動。彭明敏不認同中國人，深受其父親彭清靠的影響，而彭清靠在「二二八事件」中曾受到過嚴重的打擊。彭明敏「早在學生時代就不認爲臺灣人是中國人了。」〔註76〕林宗義是林茂生之子，林茂生在「二二八事件」中被殺。王育德的哥哥王育霖也在「二二八事件」中被殺，他本人逃到日本後就開始從事「臺獨」活動。

辛文炳家族在日據時期和日本人合夥做生意，獲得巨大利益。臺灣光復後，他們的利益受到傷害，辛文炳就不滿國民政府，最終走上了「臺獨」道路。1945 年 1 月 12 日，臺灣總督府組織「臺灣陶瓷器製造統制組合」，辛文炳被任命爲 8 名理事之一。1940 年組織的臺南州自動車運輸株式會社，大部分爲日人投資。光復後，改組爲臺南汽車貨運股份公司，日股成公股，民股則由辛文炳、黃媽典、梁道出任董、監事。〔註77〕1946 年，其父辛西淮以「漢奸」嫌疑被捕後，辛文炳轉而仇恨國民政府，發誓不學「土匪政府的中國話」。〔註78〕

綜上所述，戰後興起的「臺獨」運動有兩個顯著的特點：第一、其領袖人物都在日本受過高等教育；第二、要有美、日等西方發達國家做背景。

從廖文毅到彭明敏、李登輝，戰後島內外重要的「臺獨」活動，都是以留日學生爲首的。在日本接受的殖民教育，對這些「臺獨」分子影響很大。

首先，日本軍國主義的「大和民族優越論」、「日本至上主義」和武士道精神，深深地影響了廖文毅、史明、王育德、彭明敏、李登輝等人，這是他們走上「臺獨」道路的思想根源。

其次，由於在日本接受了近代化的民主政治知識，他們自認爲理念比較先進，並以精英自居，在政治上野心勃勃。比如，在光復初，廖文毅兄弟要到南京監督「國民大會」的「制憲」活動，後來還在日本建「國」建黨；史明要在島內搞武裝鬥爭；李登輝自詡爲《聖經》中的人物「摩西」，要帶領臺

〔註76〕黃光芹：《李登輝在官邸的一場聚會徹底與彭明敏劃清界限》，《新新聞》1995 年 1 月 29 日到 2 月 11 日。

〔註77〕前引《府城紳士——辛文炳和他的志業》，第 108 頁。

〔註78〕前引《府城紳士——辛文炳和他的志業》，第 111 頁。

灣人民出「埃及」。

其次，他們有著良好的文化資本和社會關係資本，有能力在日本美國等國家生存，並能和日本等國的反華勢力溝通，並贏得某種程度的支持和同情。

再次，他們利用留學時所學的知識，編造所謂種種「臺獨」理論，在島內外大肆宣傳，蠱惑人心。彭明敏在日本學的國際法，他以此來研究臺灣的國際地位，尋找「臺獨」的理論根據和國際法依據，因而更具欺騙性和蠱惑性，更容易為一般人接受。

最後，由於資本總量雄厚，他們在政治上有當權的機會，有在國民黨統治的體制內進行「臺獨」活動的機會。無論是日本殖民統治者、臺灣民眾、還是國民黨政府，都把留日學生當成社會精英或領導階層。留日學生做官機會因而很多，李登輝因而很自然地被蔣經國迅速提拔起來，最終掌握了國民黨和臺灣政壇的大權。正是李登輝利用手中的巨大權力，讓「臺獨」在島內政壇上成了氣候。這正應了「堡壘最容易從內部攻破」那句老話。

到了 1990 年代初，在李登輝的縱容和支持下，幾十年來在島外活動的「臺獨」分子紛紛返回臺灣，大肆宣傳他們研究多年的所謂「臺獨」理論，使本來是民主運動力量的民進黨迅速接受所謂新鮮的「臺獨」理論。更有甚者，連國民黨也無法抵擋所謂「臺獨」理論的進攻，1990 年代中期，所謂「臺獨」理論一度成為臺灣的主流理論，控制了社會輿論。

民進黨在國民黨體制外進攻，李登輝在國民黨統治體制內配合，遂有2000 年的「臺獨」黨上臺。

第四章 兩蔣統治時期留日學生 參加的重要選舉

　　在兩蔣統治時期臺灣的各項政治選舉中，臺灣留日學生這個資本總量雄厚的社會階層，在臺灣所有社會階層中參選最積極、當選率最高、政治影響最大。其選舉活動內容繁多，不能一一論述，這裏只選擇比較重要的一些選舉作爲解剖對象，從中我們可以認識留日學生在戰後臺灣政治中的重要地位。前人研究留日學生個體選舉活動的很多，但都沒有對這個社會階層 30 年間的選舉活動進行整體研究。本章首次運用社會階層和政治派系理論，把留日學生這個社會階層 30 年間的重要選舉活動進行了宏觀研究。本章首次把留日學生參加臺灣地方自治選舉活動和日本政治文化聯繫起來，得出了自己的觀點：留日學生之所以積極要求實行直選的地方自治選舉，思想上主要受到了日本的民本主義、立憲政治影響，認爲這是政治近代化的表現。留日學生之所以當選比率最大，是因爲這個社會階層經濟、文化、社會關係等資本的總量最大。

　　所謂日本的選舉文化，就是指日本人贊同和積極學習西方近代化的政治選舉制度，把它作爲民本主義和立憲政治的具體辦法。日本人還根據自己的具體國情製定了一套選舉制度，保護新興的資產階級及其知識分子的政治利益。在選舉中，允許「派閥」等各種政治派別自由活動。如導論中所述，1887年，日本就起草了國會下院議員選舉法。地方自治制也與國會同時興建。1888年公佈市制和町村制。1890 年公佈府縣制和郡制。郡、縣、町、村、市等各級議會的議員，都實行選舉。日本的地方自治選舉中賄選成風，對地方上有名望的人和地主資產階級十分有利。日據時期，留日學生領導的「新民會」、

「臺灣文化協會」、「臺灣民眾黨」、「臺灣地方自治聯盟」等組織所爭取的政治目標：就是在臺灣實行立憲政治和地方自治選舉。爲了取得勝利，留日學生不得不研究日本的政治，不得不和日本的政界、學界、新聞界接觸，因而十分熟悉日本的政治選舉情況。

第一節　光復初留日學生與縣市以上民意機構選舉

日本的政治文化裏很早就有選舉，臺灣留日學生也很早就接受了選舉文化。在臺灣實行立憲政治、實施地方自治選舉，是 1920 年到 1930 年代留日學生領導的民族運動所爭取的政治目標，所以他們對日本的選舉文化非常熟悉。當時，按照「同化」方針，總督府在臺灣採行日本的行政制度，廢廳區制度，改爲設立州、郡、市、街、莊，規定州市街莊均爲法人，各設協議會，以備行政首長之咨詢。協議會之成員稱爲會員，都是官選，且對協議事項無決定權。會員要有學識名望。1935 年，它改採自治性較強的地方制度，規定州、市、街、莊爲法人。州設州會，市設市會，街、莊仍設協議會，爲議事機關。會員半爲官選，半爲民選。25 歲以上營獨立生計的男子，每年繳納 5 元以上稅金，在某地定居半年以上，才有選舉權和被選舉權。議長由各級行政首長兼任。州會議員之半數，由市會議員及街、莊協議會員間接選舉之。另半數則爲官選，由總督府選擇有學識名望者任命之。〔註1〕

1935 年 11 月 22 日，總督府舉行「第一屆市會及街莊協議會」選舉，半官選半民選。無論是官選還是民選的，五州七市 34 街 323 莊的議員、協議會員中都有大批留日學生。例如，臺北市會議員 36 名。臺灣人 14 名參加民選，其中當選者有明治大法學科畢業的蔡式穀、日本大學法科畢業的劉天祿、東京帝大畢業的邱德金、陳逸松等留日學生。〔註2〕所以說，留日學生也有一定的實際選舉經驗，或者說受到了日本選舉文化的薰陶。

日據時期的州、市議會及街、莊協議會，因爲沒有議決權，實際上只是咨詢會，其成員又多是日本人，因而根本不能代表臺灣人民的民意。

光復後，臺灣由下而上建立各級民意機構。從公民登記開始，進行公職候選人檢校，成立村里民大會，由村里民大會選舉鄉鎮民代表，成立鄉鎮民代表會，選舉縣市參議員，成立縣市參議會，再由縣市參議會選舉省參議員，

〔註1〕　臺灣省文獻委員會：《重修臺灣省通志》，卷七《政治志》議會篇，第 1～3 頁。
〔註2〕　前引吳文星：《臺灣社會領導階層之研究》，第 239 頁。

成立省參議會，然後舉行國民代表大會，實施憲政。因國民大會已定於 1946
年 5 月 5 日召開，所以省以下各級民意機構應於同年 5 月 1 日前全部建立完
成。

　　從 1946 年 2 月 16 日到 28 日，全省公民直接選出 7078 名鄉鎮民代表，
接著選出了縣市參議員 523 名。他們都是社會上有相當聲望的人士。省參議
員候選人登記共 1180 人，是全省選舉的最高潮，在 4 月 15 日全省各縣市選出
了 30 位省參議員。〔註3〕隨後選舉各種中央民意代表。

　　在臺灣人民掀起的參政熱潮中，各級民意代表的選戰異常激烈。留日學
生攜經濟、政治、文化上的優勢，在光復初期的各項選舉中舉足輕重。在縣
市以上民意代表選舉中，他們更是扮演主角。因篇幅所限，本文只分析留日
學生在各縣市正、副議長、省參議員和中央民意代表共七項選舉中的情況。

一、留日學生當選狀況

　　各縣市正、副議長選舉。1946 年 3 月開始辦理縣市參議會議員選舉，4
月 7 日全部完成，全省選出縣市參議員 523 人。在新當選的 34 個縣市正副議
長中，有留日學生 14 人，占到 41%。在 17 個正議長中，有 9 個是留日學生，
占到 53%，（見表 4-1）。

　　省參議員選舉。1946 年 4 月 15 日，各縣市參議會議員選舉出省參議員
30 人，其中留日學生 15 人，候補參議員 30 人，其中留日學生 12 人，（見表
4-2）。正式當選的參議員一半是留日學生，加上參議長黃朝琴、秘書長連震東
也是留日學生，可以說，省參議會掌握在留日學生手裏。

　　國民參政員選舉。省參議會選舉國民參政員 8 名：林忠、林宗賢、林獻
堂、羅萬俥、吳鴻森、杜聰明、陳逸松、林茂生。其中僅林獻堂和吳鴻森不
是留日學生。留日學生所佔比例高達 75%。

　　制憲國大代表選舉。1946 年 10 月 31 日舉行選舉，李萬居、黃國書、顏
欽賢、林連宗、林璧輝、張七郎、高恭、南志信、洪火煉、紀秋水、連震東、
鄭品聰、謝娥、劉明朝、簡文發、陳啓清、吳國信等當選。這 17 個人中間，
有留日學生 10 人，占到 58%。

　　行憲國民代表大會代表選舉。1947 年 11 月 21 日開始選舉：黃及時、林
朝權、吳鴻森、蘇紹文、李清波、呂世明、連震東、楊金虎、張吉甫、王民

〔註3〕　前引《朝琴回憶錄》，第 160 頁。

寧、劉傳來、吳三連、劉振聲、謝掙強、洪火煉、謝文程、洪元煌、陳紹平、蔡石勇、陳天順、林珠如、鄭玉麗等 22 人當選，其中有留日學生人 13 人，約占到 60%。

監察委員選舉。1948 年 1 月 10 日選出：丘念臺，陳嵐峰，陳慶華、陳江山、李緞。〔註4〕陳慶華，早稻田大學畢業。李緞，早稻田大學畢業，臺北市婦女會常務理事，省婦女協會理事長，省黨部執委。5 人中有 4 人是留日學生，占到 80%。

立法委員選舉。1948 年 1 月 23 日選出：劉明朝、黃國書、蔡培火，鄭品聰，郭天乙，謝娥，羅萬俥，何景寮 8 名，〔註5〕全部是留日學生。

在這 56 名「中央民意代表」中，40 人受過高等教育，其中在日本留學者 34 人，在中國大陸接受教育者 11 人。留日學生占到 60.6%。而且，民意代表的層級越高，留日學生所佔的比例也就越高，這充分說明了留日學生這個階層的資本總量雄厚。

二、留日學生當選原因分析

光復初期，臺灣人民的政治熱情十分高漲。各種選舉活動的競爭，都十分激烈。如臺中市的省參議員選舉，候選人多達 54 人，最後林連宗以 8 票當選。〔註6〕儘管如此，在各項重要選舉中，留日學生這個特殊的社會階層當選率卻比較高，需要我們認真加以分析。留日學生當選的原因，可以概括為三大方面：一些留日學生依靠自己的資本總量當選，一些留日學生依靠參加全省性政治派系運作，還有一些是依靠有影響的競選口號或政見當選，當然，這三者有時是相互交織在一起的。

第一，依靠自己的資本總量當選的留日學生。光復初的各項選舉，國民政府和臺灣行政長官公署總的來說介入比較淺。選舉結果基本上反應了臺灣社會各階層的實力。留日學生這個社會階層資本總量雄厚，所以當選比率最高。資本總量包括經濟資本、文化資本和社會關係資本。當選的留日學生或

〔註4〕 李筱峰：《臺灣戰後初期民意代表政治經歷分析》，《臺灣風物》，第 35 卷第 4 期，第 10～14 頁。

〔註5〕 戴月芳、羅吉甫主編：《臺灣全記錄》，臺北，錦繡出版社，1990 年，第 298 頁。

〔註6〕 《本省參議員各市縣業已先後選出》，《臺灣新生報》，民國 35 年 4 月 16 日，第二版。

者出身地主士紳家庭，或者有好的職業如醫生、官吏、律師、教師、富商等，或者在日據時期就參加政治活動，或在中國大陸參加抗日戰爭，積纍了豐厚的政治資本或者說人脈。這些人在社會上非常有名望和地位。

高雄市議長彭清靠，東京帝大醫學博士，在臺中大甲行醫，後在高雄創辦醫院。〔註7〕光復初期，他還和彭孟緝關係密切，把自己的別墅送給彭孟緝居住。〔註8〕新竹縣正、副議長都是留日的名士。黃運金，日本大學畢業，高等文官考試司法科合格，在新竹市做開業律師。朱盛淇，1934 年日本大學畢業，同年高等文官考試司法科合格，在日本做開業律師，一年後回新竹開業。〔註9〕1935 年當選新竹州民選州會議員。臺南縣議長陳華宗，14 歲負笈日本，留學於豐山中學和立正大學。31 歲回臺，任北門區學甲莊長，後任教長榮中學。〔註10〕

臺中縣參議長羅萬俥，前一章已有介紹。副議長蔡先於，1921 年明治大學畢業，參加議會請願運動，在治警事件中被扣押，文化協會專務理事，參與自治聯盟。1935 年，他是官選臺中市會議員。光復後，他出任臺中縣調解委員會主委和「梧棲港開發促進委員會」主委。〔註11〕臺中市參議長黃朝清，1919 年東京慈惠醫專畢業，《臺灣新民報》監事，臺灣地方自治聯盟理事。

臺南市參議長黃百祿，中央大學法學部畢業，高等文官考試行政司法科及格，律師。彰化市參議長李君曜，彰化望族出身，1915 年開始留學日本大學和慶應大學，在彰化開設醫院，兼任彰化銀行監察人。他參加民族運動，是新民會會員，文化協會專務理事。〔註12〕

國民參政員林忠、林宗賢、羅萬俥、林茂生、杜聰明、陳逸松，制憲國代黃國書、連震東，立委黃國書、謝娥、郭天乙、蔡培火等人，都有很強的政治或經濟實力。

顏欽賢，立命館大學畢業，大實業家，1935 年官選的基隆市會議員。〔註13〕鄭品聰，東瀛皇漢醫學院畢業。行憲國大代表吳三連，《臺灣民報》

〔註7〕　前引彭明敏：《自由的滋味》。
〔註8〕　《彭孟緝訪問記錄》，許雪姬等：《高雄市二二八相關人物訪問記錄》（上）。
〔註9〕　黃天橫：《日據時期臺灣籍人考中日本高等考試行政科名錄》，《臺灣文獻》，1993 年第 44 卷 3 期，133 頁。
〔註10〕廖忠俊：《臺灣地方派系及其主要領導人物》，第 167 頁。
〔註11〕《臺中縣史》，人物志。
〔註12〕李筱峰：《戰後民意代表政治經歷分析》。
〔註13〕前引吳文星：《臺灣社會領導階層之研究》，第 240 頁。

創始人之一，《臺灣新民報》社編輯主任。楊金虎，臺灣民眾黨高雄支部常委，1935 年民選高雄市會議員。呂世明，早稻田大學畢業，實業家，1935 年官選彰化市會議員。監察委員陳嵐峰，1926 年日本士官學校畢業，後到中國大陸參加抗日戰爭。

第二，除了有雄厚的經濟資源和輝煌的政治經歷外，留日學生還參加政治派系運作。第一章已有論述，在政治派系中，「半山系」受到行政長官陳儀的支持，所以加入「半山系」的運作就比較容易當選。

屬於「半山派系」的有：周延壽，黃運金，葉秋木，蔡培火，黃國書，蘇惟梁，連震東，林宗賢，蘇紹文，陳嵐峰，丘念臺，黃及時，劉傳來，陳逸松，林連宗，李緞，林日高，王添燈，鄭品聰，陳啓清，黃朝琴等。

「半山派系」主要依靠國民黨政府、「三青團」等的支持當選。例如，在選省參議長時，按照名望，林獻堂最合適，但他得不到長官公署的支持。在丘念臺等人的遊說下，林獻堂被迫退出選舉，讓陳儀支持的黃朝琴當選。在 1946 年 5 月 1 日臺灣省參議會成立大會上，黃朝琴順利地當選議長，一直做到 1951 年 12 月。在黃朝琴的主持下，省參議會奠定了臺灣議會的規範。〔註14〕再如王民寧，他當選臺北縣首屆國民大會代表，得票高居全省之冠，依靠的是軍警的支持。1947 年 3 月，他調任臺灣省行政長官公署警務處長，平定「二二八事變」和安民有功。〔註15〕陳逸松、葉秋木、李緞、王天燈等人，則是利用「三青團」的勢力當選。

屬於「臺中派系」的有：劉明朝、何景寮、吳三連、羅萬俥、洪火煉、楊陶、丁瑞彬、黃朝清、蔡先於等。屬於「阿海派系」的有：謝娥、吳國信、鄭玉麗、杜聰明等。這兩個派系的成員，主要依靠自己的社會團體動員選票。

第三，在縣市級議會有良好的表現兼有比較好的競選政見，也可以當選。這種政見往往能反映當時的社會熱點、難點問題，引起選民的注意。

臺灣民眾和輿論對省參議員有很大的期待，他們希望參議員「爲民主張，爲民服務，推進眞正民主政治的重大使命不消說，犧牲個人爲國家、爲社會努力奮鬥。此乃做參議員的起碼的第一條件。任參議員的一定要有理性、有氣魄、有力量，和有良心，做事絕不能曖昧胡塗，以天下爲公的精神辦事，

〔註14〕張炎憲等：《臺灣近代名人誌》第 1 冊，第 176 頁。

〔註15〕陳明通：《派系政治與陳儀治臺論》，賴澤涵主編：《臺灣光復初期歷史》，臺北，中研院近代史所，1993 年，第 249 頁。

不怕無謂的批評，不怕姦邪的威脅。」〔註16〕

　　郭國基是這類人的代表。他在高雄市參議會就敢於猛烈批評當地政府官員，已如前文所述。他參選省參議員的政見，非常具有衝擊力：（1）日據時代為虎作倀的御用紳士，必須從政界整肅，以申民族大義；（2）趁日本戰敗，政府尚未接管前，接收日產、發光復財者必須嚴懲；（3）擁護林獻堂先生問鼎省參議會議長，追隨其後，為臺灣同胞爭權利、謀福利。最後，他當選高雄市唯一的省參議員，並在省議長選舉裏，投下林獻堂唯一得到的一票。〔註17〕

　　高雄市唯一的一席省參議員被郭國基奪取，而經濟和家族實力雄厚且又得到黃朝琴支持的陳啓川，只當選了候補省參議員。

　　在參議會成立之日，郭國基又發表政見：反對國民大會代表官選；不可以省民不解國語、國文為理由而拒絕用本省人才。這都是當時非常敏感的話題。

表4-1　各縣市參議會正、副議長如下表

縣　市　別	成　立　日　期	議　　　長	副　議　長
臺中縣	4月14日	羅萬俥（是）	蔡先於（是）
臺東縣	4月15日	陳振宗	馬榮通
新竹縣	4月10日	黃運金（是）	朱盛淇（是）
澎湖縣	4月15日	吳爾聰	郭石頭
臺南縣	4月15日	陳華宗（是）	楊群英
高雄縣	4月15日	葉登祺	劉朝四
花蓮縣	4月15日	張七郎	吳鶴
臺北市	4月15日	周延壽（是）	林金臻
臺南市	4月15日	黃百祿（是）	楊靖
臺中市	4月15日	黃朝清（是）	林金標（是）
高雄市	4月15日	彭清靠（是）	林建論
基隆市	4月15日	黃樹水	楊元丁
新竹市	4月13日	張式谷	何干欽
嘉義市	4月3日	鍾家成	林本根
彰化市	4月1日	李君曜（是）	吳石麟
屏東市	4月15日	張吉甫（是）	葉秋木（是）

注：「是」者為留日學生

資料來源：劉寧彥編纂：《重修臺灣省通志》卷七《政治志》，選舉罷免篇，第236頁。

〔註16〕臺北，《民報》民國35年4月19日，第一版，社論。
〔註17〕張炎憲：《臺灣近代名人誌》第4冊，第178頁。

表 4-2　臺灣省第一屆參議員中的留日學生一覽表

縣市別	當選人	年齡	籍貫	學　歷	備　　註
臺北市	黃朝琴	49	臺南縣	早大政經	
臺北市	王添燈	46	臺北市	早大函授生	後由蔣渭川陳旺成補
新竹縣	劉闊才	37	新竹縣	京都帝大畢業	
高雄縣	劉兼善	51	高雄縣	早大政經科	辭職由吳瑞泰遞補
高雄縣	林璧輝	43	高雄縣	同志社大學	
臺東縣	鄭品聰	45	臺東縣	日本漢醫學院	辭職由陳振宗遞補
臺中縣	丁瑞斌	49	臺中縣	明治大學法科	
臺南縣	劉明朝	52	臺南縣	東京帝大法學部	辭職由謝水藍遞補
臺南縣	殷占魁	49	臺南縣	櫪木縣師範學校	
臺南市	韓石泉	50	臺南市	熊本醫大博士	
臺中市	林連宗	42	臺中市	中央大學	去職由陳茂堤遞補
嘉義市	劉傳來	47	嘉義	東京醫專	
新竹市	蘇維梁	51	新竹	中央大學	
高雄市	郭國基	47	高雄	早稻田大學	應為明治大學（作者）
基隆市	顏欽賢	45	基隆	立命館大學	辭職由張振生遞補

資料來源：劉寧彥編纂：《重修臺灣省通志》卷七，《政治志》，第 6 章《民意代表之
選舉》，134 頁

第二節　留日學生當選省議員和縣市長概況

　　從 1950 年到 1981 年的三十年間，留日學生參加省議會議員和縣市長選
舉的基本情況，《重修臺灣省通志》卷七都有比較詳細的資料，作者根據這些
資料製作了附表 4-5 到附表 4-21，一共 17 張表，讓留日學生參加這兩項政治
選舉和當選的基本情況一目了然。

　　作者對上述附錄表格數據進行統計分析，得出下列表 4-3 和表 4-4 兩個綜
合分析表，從中可以看出 30 年間留日學生參加和當選省議員和縣市長的基本
情況，他們在全部省議員和縣市長中的比重，他們在幾十年間當選的基本趨
勢。

表 4-3　1951～1981 年省議員選舉留日學生當選情況分析表

屆　數	選舉時間	議員總數	留 日 學 生 當 選 情 況		
			數目	所佔比例	正　副　議　長　及　其　它
臨時一	1951.11	55	26	47%	黃朝琴、林頂立，
臨時二	1954.4、5	57	21	37%	黃朝琴、林頂立，候補 42
第一屆	1957.4	66	21	31%	黃朝琴、謝東閔，候補 47
第二屆	1960.4	73	24	33%	黃朝琴、謝東閔，候補 47 人
第三屆	1963.4	74	20	27%	謝東閔、許金德取，消候補制度
第四屆	1968.4	71	21	29%	謝東閔、蔡鴻文
第五屆	1972.12	73	12	18%	蔡鴻文、魏綸洲
第六屆	1977.11	77	8	10%	蔡鴻文、魏綸洲
第七屆	1981.11	73	4	5%	正副議長高育仁、黃鎮嶽

資料來源：劉寧彥編纂：《重修臺灣省通志》卷七，第六章《民意代表之選舉》。

圖 4-1　1951～1981 年歷屆省議員選舉中留日學生當選情況

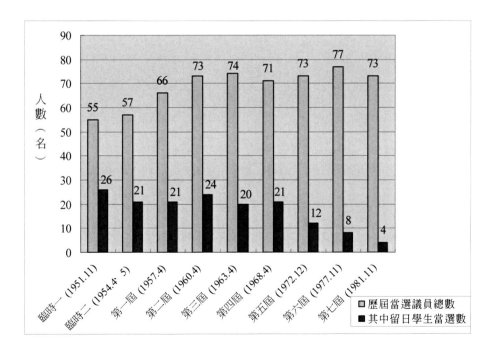

表4-4　1950年～1981年歷屆留日學生當選縣市長情況分析表

屆數	選舉時間	總數	留日學生當選情況		備　　註
			當選數	所佔比例	
第一屆	1950.8～1951.5	21	12	60%	每個縣市長候選人都有留日學生
第二屆	1954.4～1954.12	22	12	55%	38中20留日，臺中縣長選2次
第三屆	1957.4	21	9	43%	40競選，16留日
第四屆	1960.4	21	12	60%	35人競選，17人留日
第五屆	1964.4	21	14	67%	47人競選，26留日
第六屆	1968.4	20	8	40%	43人競選，
第七屆	1972.12	20	5	25%	39人
第八屆	1977.11	20	2	10%	36競選，高學歷年輕化
第九屆	1981.11	19	0	0%	年輕化，國民黨化

資料來源：劉寧彥編纂：《重修臺灣省通志》卷七《政治志》，選舉罷免篇，第7章《縣市長選舉》

圖4-2　1950年～1981年歷屆縣市長選舉中留日學生當選情況

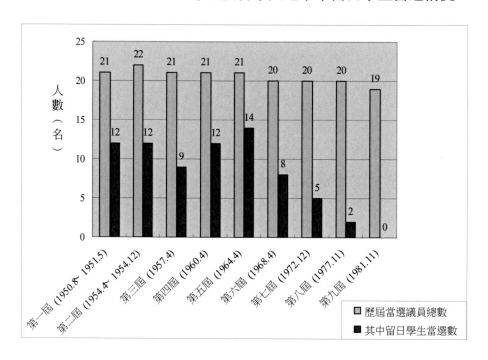

　　從上面兩個統計分析表格和兩個直觀的圖示中，我們可以看出，1950 年到 1970 年的二十年間，留日學生占到省議員的二成到三成，占到縣市長的二分之一，在臺灣政壇上的勢力相當強大。留日學生這個社會階層，就是臺灣地方勢力的集中代表。

　　1972 年的省議員和縣市長選舉中，留日學生當選的人數和比例大幅減少，年齡偏大是個原因，但根本因素在於國民黨的政策。由於縣市長是留日學生領導的地方派系汲取地方資源、轉化爲派系力量的最重要位置，因此國民黨中央便提名國民黨黨工等非派系人員來奪取縣市長的位置。

　　國民黨的這一策略，在 1960 年代末期便已出現徵兆，而在 1970 年代的兩次地方選舉中達到最高峰。1968 年國民黨首次提名陳時英、廖禎祥等 3 名黨工競選縣市長，1972 年國民黨又提了邵恩新、李鳳鳴、林仙保、吳榮興等 12 名青年黨工競選縣市長，結果全部當選。從此後，依靠地方派系競選的留日學生，當選人數大幅減少。

第三節　留日學生選舉戰略策略分析

　　從上述第二節中我們已經知道，留日學生在省議員和縣市長選舉中，當選的比率可以說在各社會階層中是最高的。在激烈的選戰中能夠勝選，除了需要經濟實力和社會名望之外，留日學生還有自己的選舉戰略和策略。其選舉戰略就是公民直選和參加國民黨等黨派；其選舉策略則有很多種。

一、留日學生的選舉戰略

　　所謂戰略，英語裏是 STRATEGY，就是指爲了達到某個重大目標而製定的關係全局的長期計劃、政策和方案等，一般用於國家重大的軍政活動上。在臺灣地方自治選舉活動中，公民直選和參加國民黨都能夠長期影響選戰全局，故把它們當作留日學生的選舉戰略來加以論述。

（一）留日學生第一個選舉戰略是公民直選

　　這是留日學生最根本的選戰謀略。一方面，公民直接投票選舉是民主政治的最佳方式之一。另一方面，臺灣情況比較特殊，存在著省籍問題，因而，在臺灣的各項政治選舉中，只要是由公民直接投票選舉的，明顯對臺灣社會精英的留日學生比較有利。留日學生這個社會階層經濟資本、文化資本和社

會關係資本都十分雄厚，在各項選舉中競爭力最強。根據日本地方自治選舉和 1935 年臺灣地方選舉經驗，留日學生也非常清楚，當選者基本都是地方上有名望的人和地主資產階級。所以，只要是由臺灣公民直選，他們就能很容易擊敗主要對手——外省籍的官僚。誠如 1946 年 5 月 1 日省參議院成立時王添燈所說：「國民大會代表宜付民選，絕不可使外省人為本省國民代表」。〔註 18〕

　　所以，留日學生從光復初就極力爭取各項選舉的公民直選。本章只論述留日學生呼籲省議員和縣市長直選的部分。

　　從 1946 年到 1950 年初，臺灣地方勢力呼籲省議員和縣市長直選的陣地，主要是在省參議會。如前文所述，留日學生在省參議會佔據優勢，他們要求直選的呼聲最高，所以對省議員、縣市長直選的貢獻最大。

　　省參議會裏的劉啓光、呂世明等留日學生，列舉了省議員應直選的理由：省議員未經普選，導致省議會權力很小，徒具議會之表，而無議會之實，不能滿足人民實行完全地方自治的願望。〔註 19〕普選省議員，為省民一致的要求。〔註 20〕臨時省議會第二屆第三次大會上，黃運金批評說，應該提高省議會地位，「現在仍為臨時省議會；『臨時』兩字，實為引起人家輕視之原因。」〔註 21〕經過留日學生的反覆鬥爭，到 1954 年第二屆臨時省議會議員選舉時，國民黨被迫採取公民直接選舉。「臨時省議會第一屆議員之任期，原規定為 2 年，應於 1953 年 12 月 11 日屆滿，然中央以縣市議會議員既由公民直接選舉，臨時省議會議員也應採取普選方式，乃修改有關法規，改由各縣市公民直接選舉，同時將任期改為三年。」〔註 22〕1959 年 6 月省議會正名，去掉「臨時」二字。

　　關於縣市長直選，省參議會裏的留日學生態度完全一致，都大力地推動。他們提出了一系列理由：臺灣有條件實行縣市長民選，臺灣人口、土地、教

〔註 18〕 歐素瑛編注：《地方自治與選舉——戰後臺灣民主運動史料彙編（五）》，第 317 頁。

〔註 19〕 歐素瑛編注：《地方自治與選舉——戰後臺灣民主運動史料彙編（五）》，第 581 頁。

〔註 20〕 歐素瑛編注：《地方自治與選舉——戰後臺灣民主運動史料彙編（五）》，第 610 頁，616 頁。

〔註 21〕 歐素瑛編注：《地方自治與選舉——戰後臺灣民主運動史料彙編（五）》，第 736 頁。

〔註 22〕 《重修臺灣省通志》，卷七政治志選舉篇，第 150 頁。

育等各方面符合「建國大綱」規定的地方自治條件。〔註23〕只有實行縣市長、省長的民選，才是完全的地方自治，才是臺灣人民所需要的地方自治。〔註24〕臺灣早行實施縣市長民選，是政治上建設臺灣模範省的需要。〔註25〕縣市長民選是陳儀、白崇禧等人的政治諾言，國民黨政府不能失信於臺灣民眾。1947年3月6日陳儀在廣播中許諾：1947年7月1日要施行縣市長民選。〔註26〕同年3月16日，白崇禧宣慰臺民的布告首條就是：臺灣縣市長提前民選。

留日學生不僅呼籲和推動縣市長直選，而且參加了臺灣省地方自治研究委員會，參與了關於縣市長選舉等選舉規則的制訂。地方自治研究委員會有委員29人，留日學生連震東、李友邦、黃聯登、韓石泉、劉闊才、林忠、顏滄海、何景寮、李茂松等參加，約占三分之一。該委員會於1949年8月15日召開首次會議，歷經4個多月，制訂了《臺灣省縣市地方自治實施綱要》草案。經省參議會通過，「行政院」核准。1950年4月25日，省政府頒佈《臺灣省各縣市縣市長選舉罷免規程》，規定縣市長由人民直接選出，任期四年，連選只能連任一次。〔註27〕留日學生要求直選的政治要求最終達到了。

（二）留日學生的第二個選舉戰略是加入國民黨

「二二八事件」後，臺灣島內外發生許多重大事件：國民黨敗退臺灣、1950年朝鮮戰爭爆發後美國出兵保護臺灣、島內國民黨的改造和土地改革等等。在這些事件的過程中，國民黨在臺灣的統治，基本上是愈來愈鞏固。在政治上圖謀發展的留日學生，必然要首先依靠執政的國民黨。謀取執政黨國民黨的支持而當選，這是絕大多數參加省議員和縣市長選舉的留日學生的首選戰略。這裏特別需要指出的是，謀取國民黨的支持有兩種方式：可以加入也可以不加入。一般情況下，國民黨會支持自己的黨員；但選戰形勢複雜，特殊情況下，國民黨為了爭取地方名望人士的支持，也會支持非國民黨員，如吳三連、陳水潭等人。

〔註23〕歐素瑛編注：《地方自治與選舉——戰後臺灣民主運動史料彙編（五）》，第224頁。

〔註24〕歐素瑛編注：《地方自治與選舉——戰後臺灣民主運動史料彙編（五）》，第361頁。

〔註25〕歐素瑛編注：《地方自治與選舉——戰後臺灣民主運動史料彙編（五）》，第201頁。

〔註26〕《臺灣新生報》，民國36年3月8日，第一版。

〔註27〕《臺灣省政府公報》，民國39年夏字第22期，第340頁。

　　基本上，只要得到國民黨的支持，就能勝選。1951 年第一屆縣市長選舉，省主席吳國禎勸非國民黨員的吳三連出來競選臺北市長。〔註28〕當時，候選人多達 7 人：吳三連、高玉樹、莊琮耀、林紫貴、郭伯儀、蘇金塗、鄭來春，競爭十分激烈。國民黨發動政府機關團體支持吳三連，結果他順利當選。〔註29〕

　　1954 年第二屆縣市長選舉時，臺中縣的陳水潭被國民黨提名，林鶴年尊重黨紀，退出選舉，陳水潭不競當選，但 2 年後不幸病逝。在補選時，國民黨提名接近陳派的廖五湖競選，林鶴年的紅派則推在豐原行醫的無黨籍人士王地出馬競選，選情激烈，但投票前王地奉國民黨之命入伍當軍醫，廖五湖順利當選。〔註30〕

　　1957 年第三屆縣市長選舉時，國民黨吸取上次失敗的教訓，精心組織，使自己提名的候選人黃啓瑞擊敗勁敵高玉樹當選。高玉樹是現任臺北市長，群眾基礎較好，又得到黃信介、李福春、李錫卿等黨外實力人物助陣。〔註31〕在雲林縣，有國民黨雲林縣黨部主委林金生和雲林縣議長王吟貴競爭，最後林金生當選。〔註32〕

　　再例如，1960 年的第四屆縣市長選舉，在高雄市，被蔣介石點名要求參選高雄市長的陳啓川，輕鬆擊敗楊金虎、李源棧、簡秋桐幾個對手，得到了 19 萬張票中的 14 萬張而當選。〔註33〕臺中縣國民黨提名的縣黨部主任何金生，也順利當選。彰化縣，呂世明、石錫勳、楊連基三人參選，國民黨支持的呂世明以最高票當選。在選舉過程中，彰化市中山投票所竟將石錫勳的票唱成國民黨候選人呂世明的，被選民發現。〔註34〕

　　從 1951 年到 1981 年間，當選臨時省議會和省議會議員的 157 個留日學生，只有吳三連、陳水潭、許世賢、郭雨新、李源棧等極少數非國民黨員。

　　在歷屆縣市長選舉中，第一屆當選的徐崇德等 9 人都是國民黨員；非國民黨員只有吳三連和楊基先。第二屆當選的有國民黨員徐崇德等 10 人；非國民黨員的只有高玉樹、陳水潭 2 人。第三屆當選的有張芳燮等 8 名國民黨員；

〔註28〕許雪姬：《柯臺山先生訪問紀錄》，中研院近代史所，1997 年，第 99 頁。
〔註29〕前引《吳三連回憶錄》，第 146 頁。
〔註30〕張崑山、黃政雄：《地方派系與臺灣政治》，第 148 頁。
〔註31〕黃富三主持：《臺北市歷屆市長議長口述歷史》，第 22 頁。
〔註32〕《雲林縣發展史》（下），十篇《人物傳記》，第 83 頁。
〔註33〕張崑山、黃政雄：《地方派系與臺灣政治》，第 44 頁。
〔註34〕臺北，《自由中國》，1960 年 6 月 1 日。

非國民黨員只有葉廷珪 1 人。第四屆當選的留日學生 12 人都是國民黨員。第五屆當選的留日學生 11 人是國民黨員；非國民黨員只有黃順興、高玉樹、葉廷珪 3 人。第六屆當選的留日學生有國民黨員 6 人；只有楊金虎是非國民黨員。第七屆當選的 5 個留日學生都是國民黨員。第八屆當選的 2 人都是國民黨員。

二、留日學生的選舉策略

所謂策略，就是根據形勢發展而製定的行動方針和鬥爭方法。留日學生具體的選舉策略，要根據每次具體的選舉形勢而定，最主要有參加或組織派系兩種，這也是深深地受到了日本選舉文化的影響。如前文所述，在日本的政治選舉中，無論國會議員選舉，還是地方自治選舉中，都有「派閥」的積極活動。參加競選的人一般都要投靠某個「派閥」才能當選。參加選舉的留日學生一般也參加全省性的政治派系或縣市以下的地方派系，這是他們最重要的選舉策略。下面分別加以簡要地論述。

（一）參加全省性的政治派系運作

組織或參加政治派系爭奪各種政治資源，也是留日學生在政治上的一大策略。如前文所述，從 1945 年 9 月到 1954 年前後，臺灣政壇上有許多全省性的政治派系，這些政治派系也積極通過選舉奪取政治資源。

半山派系，有黃朝琴、梁許春菊、王雲龍、劉闊才、黃運金、劉啓光、劉傳來、黃宗焜、郭秋煌、林湯盤、郭雨新、連震東、陳啓川、黃啓瑞等人。此派領袖黃朝琴，在 1952 年國民黨七大上當選中常委，在臺南威望極高，每次選舉都獲支持。例如第三屆臨時省議會議員選舉時，黃朝琴以中日文化經濟協會代表身份到日本處理事務，無法回臺參加競選活動，乃在日本先錄好競選言辭，用宣傳車配合黃的照片播放出來，展開競選活動，臺南的選民都選他，以最高票當選。〔註35〕1960 年，黃朝琴雖人在日本，但仍獲臺南縣民支持以高票當選。黃朝琴背後又有省主席陳誠的支持。

林頂立系。在第一屆臨時省議員選舉時，此派勢力大振，達到高峰。林頂立 1947 年 8 月在臺北市創立《全民日報》，全臺 21 個縣市幾乎都設有分社或者辦事處，多以地方知名政治人物兼主任，用大幅各地通訊拉攏地方派系。

〔註35〕張炎憲等：《臺灣近代名人誌》第 1 冊，黃朝琴。

在 1950 年和 1951 年兩年間的一連串地方選舉中，他也通過報紙支持了許多人當上縣市長、縣市議員。1951 年 9 月 16 日，林頂立與《民族報》、《經濟時報》發行人共組三報「聯合版」，出任總管理處主委。三報聯合版是當時民營第一大報系。該派的陣地還有省農林公司。〔註 36〕第一屆臨時省議會議員選舉，全省由該派支持而當選者高達 11 席。林頂立和黃朝琴爭奪議長，以 25 比 28 失敗。〔註 37〕林頂立系的臨時省議員和省議員有臺北市林頂立、黃成金等。

臺中派系（楊肇嘉系）。該派系首領楊肇嘉是「民政廳長」，是 1951 年和 1954 年兩次縣市長選舉的監督，並針對選舉發表談話，說明實施地方自治的意義與民眾應負的責任和應享的權利，呼籲民眾踴躍投票。〔註 38〕楊肇嘉監督選舉，對臺中派甚至全省的留日學生參加選舉都有很大影響。他「乘實施地方自治機會，數度南下巡視，到處鼓勵本省人競選縣市議員及縣市長，暗示脫離外省人統制，據悉曾有獨立運動企圖之嫌。」〔註 39〕

臺中派有林雲龍、吳三連等人。因對國民黨不滿，吳三連才棄臺北市長而去競選省議員。有些國民黨人認為臺北市長「非由國民黨員出任不可」，感到很累的吳三連，決定放棄競選連任，回臺南競選省議員，最後當選。〔註 40〕

蔣渭川系則有臺北市長周百鍊等人。周百鍊，九州島大學醫學博士。光復初，他發起並自任理事長的臺灣醫師公會。〔註 41〕

（二）依靠地方派系支持當選

據臺灣著名學者陳明通先生研究，1951 年以後，臺灣全省共有 89 個縣市級以上的地方派系。〔註 42〕留日學生利用自己的經濟資本、文化資本以及社會關係資本控制絕大部分地方派系。看下列幾個典型例子：

臺中市有張、賴兩大地方派系。賴派領導人賴榮木，明治大學畢業。

〔註 36〕 張炎憲等：《臺灣近代名人誌》第 3 冊，第 312～314 頁。
〔註 37〕 張炎憲等：《臺灣近代名人誌》第 1 冊，第 180 頁。
〔註 38〕 歐素瑛編注：《地方自治與選舉——戰後臺灣民主運動史料彙編（五）》，第 481 頁。
〔註 39〕 陳明通：《派系政治與陳儀治臺論》，賴澤涵主編：《臺灣光復初期歷史》，臺北，中研院 1993，第 283 頁。
〔註 40〕 前引《吳三連回憶錄》，第 256 頁。
〔註 41〕 黃富三主持：《臺北市歷屆市長議長口述歷史》，臺北市文獻委員會，2001 年，第 98 頁。
〔註 42〕 前引陳明通文：《臺灣光復初期歷史》，第 286 頁。

〔註43〕張派領導人張啓仲，日本醫科大學畢業，在日本 12 年，1946 年回臺創辦啓仁醫院，擔任中區合作社理事主席，有強大的經濟實力和社會關係，因而在 1952 年當選第二屆市議員，1955 年當選第三屆議長。1960 年，原參議會議長及市長林金標生病，張啓仲結合了他的勢力。他還根據日本葬禮簡單而隆重的經驗，改革了臺中的喪葬風俗。他後來當選兩屆「立委」。〔註44〕

　　彰化縣的大小選舉，主要有紅、白兩大派系控制，紅派領導人呂世明，早稻田大學畢業。白派領導人蘇振輝，九州島大學醫學博士。〔註45〕嘉義縣黃派領導人黃宗焜，中央大學畢業，嘉義律師，光復後任嘉義、臺中地方法院推事，1969 年當選「增額立委」。〔註46〕

　　臺南縣的地方派系，先後有北門派（海派）、山派（胡龍寶派）、高育仁派等幾個大派系。這些地方派系包辦了 11 屆縣長選舉，「立委」、省議員也由他們推出的人選當選。吳三連、高文瑞、陳華宗爲海派骨幹，吳三連爲精神領袖。〔註47〕山派始祖胡龍寶雖不是留日學生，但其妻舅許禎明、許禎文都是留日的醫學博士，在當地勢力很大。〔註48〕

　　高雄市的地方派系領導更具典型性。澎湖派領導謝掙強，曾經在大陸參加抗日，有輝煌的政治經歷，當選首屆高雄市長。高雄派首領陳啓川，1899 年生，慶應大學畢業，有龐大的家族企業〔註49〕。

　　總之，大多數地方派系，都控制在實力強大的留日學生手裏。以留日學生爲首或骨幹的地方派系，參考表 4-5，不再一一論述。這些地方派系在各地操控或影響選舉，參加選舉者只有參加或依靠它們才能勝出。本文只論述依靠地方派系當選的留日學生。

　　下面以臺中、苗栗、高雄等縣爲例，說明留日學生在地方派系中參加選舉的情況。

　　臺中縣的選舉，都被林鶴年的紅派和陳水潭的黑派所控制。1950 年的首次縣長選舉，競爭十分激烈，經過兩次投票才產生結果。第一次有陳水潭、

〔註43〕張崑山、黃政雄：《地方派系與臺灣政治》，第 158 頁。
〔註44〕廖忠俊：《臺灣地方派系及其主要領導人物》，第 108 頁。
〔註45〕廖忠俊：《臺灣地方派系及其主要領導人物》，第 122～125 頁。
〔註46〕陳明通：《威權政體下臺灣地方政治精英的流動》（1945～1986），423 頁，臺大政研所博士論文，1990 年。
〔註47〕廖忠俊《臺灣地方派系及其主要領導人物》，第 164 頁。
〔註48〕廖娟秀、葉翠芬：《胡龍寶傳》，月旦出版社，1992 年 7 月，第 168 頁。
〔註49〕廖忠俊《臺灣地方派系及其主要領導人物》，第 211～214 頁。

林鶴年、蔡卯生、陳振順、呂大椿五人參加，但 5 月 6 日開票，最高票的陳水潭卻也沒有過半數。第二次投票，林鶴年運用連橫策略，結合蔡卯生等人的票源，最後當選。由於選情激烈，流血事件頻發，結果形成陳水潭為首的陳派和以林鶴年為首的林派。林鶴年的宣傳海報為紅色，故又稱紅派；陳水潭則為黑色或深藍色，故又稱黑派。〔註 50〕林鶴年，東洋音樂大學畢業；陳水潭，日本醫科大學畢業，豐原鎮長。〔註 51〕呂大椿，日本駒澤大學畢業。〔註 52〕兩派控制臺中縣地方政壇幾十年。1972 年前後，蔣經國倡導提拔青年才俊，遂不提名派系強硬人物，與兩派協商，要兩派不再作惡性競爭，明訂林、陳兩派輪流執政，一任兩屆，但縣長人選必須經對方同意才能提名。

在苗栗縣，劉闊才、劉定國的「劉派」和黃運金的「黃派」，控制選舉和交替主持縣政。首屆縣長選舉時兩派就激烈對立，劉闊才支持「二二八事件」時救過他的新竹防衛司令劉定國參選，與黃運金競爭。這場選舉創下四次投票選舉的罕見記錄，第一次黃運金得票超過劉定國，但未過半數；20 天後辦理第二次投票，反由劉定國贏得選舉。律師出身的黃運金控告劉定國仍具有軍人身份，法院判劉當選無效。這是臺灣地方自治史上首件選舉官司。辦理第三次投票，黃運金、劉闊才都未參加，而由賴順生、李白濱、黃焜發、黃髮盛、張子斌、楊日恩、邱克修等 7 人參選。主要是賴順生及李白濱在競爭，畢業於東京帝大教育系的賴順生是國民黨提名，畢業於京都帝大經濟系的李白濱則是青年黨提名。但第三次投票仍無一人獲得半數，又再選，由賴順生和李白濱對決，李白濱在國民黨壓力下未敢活動，賴順生當選首屆縣長。〔註 53〕劉定國，1929 年到日本東京讀中學，因不滿日人歧視而 18 歲赴大陸從軍。1934 年考入中央軍校。「二二八事件」時，他是新竹縣防衛司令，營救了不少苗栗地方人士。〔註 54〕

高雄縣各項選舉，主要受到陳新安的白派、洪榮華的紅派、以及余登發的黑派控制。1951 年首屆縣長選戰十分激烈，首次投票，4 名候選人洪榮華、陳新安、余登發、吳崇雄的得票數都未過半，乃進行第二次投票，由

〔註 50〕 張崑山、黃政雄：《地方派系與臺灣政治》，第 147 頁。
〔註 51〕 陳明通：《威權政體下臺灣地方政治精英的流動（1945～1986）——省參議員及省議員流動的分析》。臺大政研所博士論文，1990 年 12 月，第 422 頁。
〔註 52〕 《臺中地方自治史料彙編》，臺中縣文化中心，1994 年，第 58 頁。
〔註 53〕 張崑山、黃政雄：《地方派系與臺灣政治》，第 132～134 頁。
〔註 54〕 廖忠俊：《臺灣地方派系及其主要領導人物》，第 94 頁。

洪榮華、陳新安復選。國民黨提名的洪榮華和非國民黨陳新安對決，洪榮華當選。〔註 55〕洪榮華，1902 年生，東京帝大農學部畢業，光復初被謝東閔聘爲高雄州接管委員，縣政府建設局長，1954 年後任高雄農田水利會長。陳新安，1912 年生，京都帝大法科畢業，〔註 56〕

　　總之，在臺灣 15 個縣市掌控地方選舉的 32 個地方派系中，有 28 個是以留日學生爲首，有 4 個以留日學生爲骨幹。在當地參加選舉的候選人，基本上要依靠他們的支持才能當選。

表 4-5　以留日學生為領導或骨幹的地方派系一覽表

縣市別	派　別	派系領導	派　係　骨　幹	控制選舉狀況
臺北縣	林本源家族	林熊徵等		板橋
	顏雲年家族	顏雲年		
	李秋遠家族	李秋遠		蘆洲
	李建興家族	李建興		瑞芳
臺中縣	紅派	林鶴年	陳新發等	完全
	黑派	陳水潭	何金生、陳漢周、廖五湖等	
臺中市	張派	張啓仲	林金標、	完全
	賴派	賴榮木	邱欽洲、蔡志昌等	
新竹縣	東許派	許振乾（非）	朱盛淇、古燧昌、何禮棟、葉炳煌、陳天賜	完全
	西許派	許金德（非）	鄒滌之、彭瑞鷺、蘇廷清	
苗栗縣	劉派	劉闊才	劉定國、魏綸洲	完全
	黃派	黃運金		
彰化縣	紅派	呂世明		完全
	白派	蘇振輝	洪挑、黃高碧桃	
高雄市	澎湖派	謝挣強	謝有用、林炳坤	基本
	臺南派	陳武璋	吳鍾靈等	
	高雄派	陳啓川	陳啓清、陳田錨等	
	林迦派	林迦（非）	林瓊瑤等	
	王玉雲派	王玉雲		

〔註 55〕張崑山、黃政雄主編：《地方派系與臺灣政治》，第 249 頁。
〔註 56〕廖忠俊：《臺灣地方派系及其主要領導人物》，第 192 頁。

高雄縣	白派	陳新安	林淵源	完全
	紅派	洪榮華	戴良慶、郭吳合巧	
	黑派	余登發（非）		
嘉義縣	黃派	黃老達	黃文陶、黃宗焜	完全
	林派	林振榮	劉傳來、蔡陳翠蓮	
臺南縣	北門（海）派	吳三連	高文瑞、陳華宗、劉博文	基本
	山派	胡龍寶（非）	許禎明、許禎文、洪清賢	
臺南市	葉廷珪派	葉廷珪		基本
	辛文炳派	辛文炳		
屏東縣	張山鐘派	張山鐘（非）	藍家精	基本
	林石城派	林石城		
雲林縣	吳景徽派	吳景徽		1957 年前
	廖昆金派	廖昆金		
臺東縣	黃派	黃拓榮		基本
	吳派	吳金玉	許添枝	
宜蘭縣	陳派	陳進東		基本
	許派	許文政	羅文堂等	
澎湖縣	南派	郭石頭（非）		完全
	北派	高順賢		

注：表中括號中注明「非」者，不是留日學生。

資料來源：張崑山、黃政雄主編：《地方派系與臺灣政治》，聯合報社出版社，1996
　　　　　年。《臺中地方自治史料彙編》，臺中縣文化中心，1994 年。廖忠俊：《臺
　　　　　灣地方派系及其主要領導人物》。《雲林縣發展史》（下），第十篇。張炎憲：
　　　　　《臺灣近代名人誌》第 1～4 冊。廖娟秀、葉翠芬：《胡龍寶傳》，月旦出
　　　　　版社，1992 年。

三、國民黨外留日學生的選舉戰略和策略

　　由於「二二八事件」或土地改革等種種原因，一些臺籍精英對國民黨嚴
重不滿，他們不參加或退出國民黨，而參加青年黨、民社黨，或乾脆不參加
任何黨派。這些人後來統稱爲所謂的「黨外」，其共同特點就是反對國民黨爭
取民主。著名的黨外人士基本上都是留日學生，如郭國基、高玉樹、郭雨新、
許世賢、李源棧、石錫勳、黃順興、黃玉嬌、黃信介、楊基先、何春木、張

深鑰等。這裏把這些人的選舉戰略和策略單獨論述，一方面因爲他們確實有自己的特殊性，另一方面是爲了強調這些人在選舉和臺灣政治中的特殊地位，和前文並不矛盾。

（一）國民黨外留日學生的選舉戰略

國民黨外留日學生的選舉戰略也有兩個：公民直選和參加國民黨之外的組織。公民直選問題前文已有論述。下面論述他們的第二個戰略。

國民黨之外的政黨有民社黨、青年黨，力量有限，對黨外留日學生的選舉幫助不大，他們乃逐漸謀求建立新政黨，以制衡國民黨。這個選舉戰略對臺灣的政治影響深遠。

跟隨國民黨逃到臺灣的有民社黨和青年黨，號稱國民黨的「友黨」，有一定的知名度和政治影響力，因此也有臺灣留日學生加入它們，希望依靠它們的幫助當選。參加青年黨的留日學生郭雨新，多次當選省議員。1964 年和 1968 年的第五、六屆縣市長選舉，高雄市的楊金虎都以民社黨身份參選，首次失敗，第二次獲勝。第二屆縣市長選舉，高玉樹以民社黨員的身份出來競選臺北市長，希望國民黨看在友黨的面子上不打壓他。但國民黨仍肆意打壓他。最後，高玉樹還是擊敗了國民黨提名的候選人陸軍中將王民寧。〔註57〕1968 年，石錫勳被青年黨提名爲彰化縣長候選人。

由於民社黨、青年黨政治力量有限，使自己當選的機會不多，黨外留日學生乃通過選舉座談會、檢討會、助選團等形式聯合起來，甚至想組建新黨派來支持自己參加競選，以增強實力增加聲勢。這是留日學生在日據時期就有的政治經驗，如他們曾組織臺灣民眾黨等。這一部分在其它章節有詳細論述。像石錫勳、郭國基等人，在選舉中屢受國民黨和地方派系的擠壓，很早就想聯合起來。第三屆臨時省議會議員選舉時，臺北市候選人郭國基就和競選市長的高玉樹取得默契，相互呼應。

1957 年 4 月 11 日，黨外縣市長候選人石錫勳等，在臺中市召開了第三屆臨時省議員及各縣市長候選人關於選務改進座談會。選舉結束後，楊金虎、高玉樹、郭國基、石錫勳、李源棧、楊基振、郭秋煌、黃玉嬌〔註58〕於 5 月 18 日召開選舉檢討會，決議籌組「中國地方自治研究會」。〔註59〕1960 年 5

〔註57〕謝漢儒：《早期臺灣民主運動與雷震紀事——爲歷史留見證》，第 42 頁。
〔註58〕臺北，《民主》1958 年 1 月。
〔註59〕張炎憲等：《臺灣近代名人誌》第 1 冊，第 203 頁。

月18日，「在野黨及無黨無派人士本屆地方選舉檢討會」召開，決議籌組「中國民主黨」，希望依靠它來保證選舉公平。

1978年10月6日，由「立委」黃信介組織的「臺灣黨外人士助選團」在臺北成立。在成立大會上，黃信介宣佈黨外是目前臺灣的「第四黨」，將組成全省巡迴助選團，支持各地黨外人士。〔註60〕

（二）國民黨外留日學生的選舉策略

國民黨外的留日學生，通過總結選舉經驗，從1954年第二屆縣市長選舉後就採取了符合自己特點的選舉策略：在政治議題上大膽批判國民黨；當選後認真問政、為下次選舉奠定民意基礎；利用省籍矛盾等。

1. 宣揚自己的「武士道精神」，在選戰中播放日本軍歌，在政治議題上猛烈批判國民黨、製造轟動效應，吸引不滿國民黨者的選票。典型的如郭國基、廖啓川等人。

第三屆臨時省議會選舉時，臺北市候選人郭國基，首次以大型傳單、辛辣文字，強調自己受難經歷和「國策」、「憲法」等政見。他以亞鉛片在宣傳車上塑造一尊大炮，代表他「郭大炮」的綽號，再配上日本海軍「軍艦進行曲」，使選民很遠就知道「郭國基來了！他的演講也十分大膽。「我生為臺灣人，是食臺灣水活的，是食臺灣米大的，日本政府尚且不敢禁止我們講臺灣話。臺灣人在臺灣，不准講臺灣話？」臺北萬人空巷聽他的演講，最後他以第二高票當選。1968年，在高雄市競選省議員時，郭國基聲言「在野的政治家不該有退休」，選戰最後一天打出「賜我光榮死在議壇」的悲壯標語遊行。他提出了具有轟動效果的政見：「索回香港、九龍、澳門的失土」、「釣魚臺、東沙、南沙群島主權」、「臺灣人才的起用」、「全面改選臺灣區『中央民意代表』」等等。結果，他又以五萬多高票當選這屆省議員〔註61〕

1957年，臺南市長候選人葉廷珪，標榜「廷珪此次參加競選，旨在維護民主制度，打破一人競選局面，及使南市府會免遭私利集團所把持，以消除地方未來隱憂。」被選舉事務所認為欠妥，但葉廷珪拒絕修改。〔註62〕1960年，南投縣長候選人廖啓川嚴厲抨擊國民黨，「政府」腐敗無能，官吏貪污

〔註60〕陳世宏、周琇環編注：《組黨運動——戰後臺灣民主運動史料彙編（二）》，第157頁。
〔註61〕張炎憲等：《臺灣近代名人誌》第4冊，第181～186頁。
〔註62〕穆蘭君：《競選政見限製取締的不合理》，臺北，《民主潮》第8卷第1期，第8頁。

枉法等。廖啓川，早年留學早大或東京帝大，本屆選舉後即被調查局逮捕。
〔註 63〕雲林縣，蘇東啓和國民黨候選人林金生競選，他參選雲林縣長的政
見，被選舉監察小組以「惡意批評政府、國民黨、國民黨候選人林金生等問
題之嚴重性」爲理由，認定是「逾越發表政見範圍」。〔註 64〕

　　1964 年第五屆縣市長選舉時，臺北市長候選人陳逸松用激烈言辭批評政
府。

　　2. 當選後認眞問政，爲下次選舉當選奠定堅實的民意基礎。這種策略只
有經濟資本和文化資本都雄厚的留日學生才敢用才有能力用。這方面以省議
會「五龍一鳳」爲代表。

　　在擔任第二屆臨時省議會議員時，許世賢就以問政認眞著稱，因質詢嘉
義縣長李茂松貪污案被國民黨開除黨籍，從此投身在野陣容，長期和執政黨
對抗。1957 年，黨外候選人士在臺中召開協調座談會，研究共同對付國民黨
的辦法。選舉結果，臺北市的郭國基、臺南縣的吳三連、高雄市李源棧、宜
蘭縣郭雨新、雲林縣李萬居、嘉義縣許世賢當選省議員。他們因質詢有力，
被稱爲「五龍一鳳」。這 6 人當中只有李萬居不是留日學生。他們在省議會激
烈批評國民黨。例如，郭國基主張修改「國歌」，將「三民主義，吾黨所宗」
改爲「吾國所宗」，在省議會引起風潮。〔註65〕因爲累積了很高的政治聲望，
他們六人以後又多次當選省議員。郭雨新連選連任 3 次、許世賢連選連任 2
次、李源棧連選連任 2 次、郭國基又當選過 3 次。

　　3. 利用省籍矛盾。黨外的留日學生在選舉中一般處於劣勢地位，要調動
各種力量來競選，其中就包括利用國民黨統治下的省籍矛盾。

　　第一屆縣市長選舉中就有利用地域觀念的問題。1954 年第二屆縣市長選
舉監督人、「民政廳長」楊肇嘉於 1953 年 3 月發表《告全省同胞書》，檢討上
次選舉的缺點——選民偏重人情與地域觀念，或者冷漠附和投票；「候選人則
不遵守法令規定的競選方式，未以個人的品德行爲作競選資本，以個人的卓
越政見爭取選民，只是著力於人情、地緣、浪費金錢等不當的活動期取必勝，
以致發生許多區域派別的明爭暗鬥怪現象。」要求省民「深切地認識自治的
意義，本諸理性和良心，選出有能力、有品格、有熱誠，具有充分代表人民

〔註 63〕施明雄著：《臺灣人受難史》，臺北，前衛出版社，1998 年 2 月，廖啓川案。
〔註 64〕十篇，《人物傳記》，《雲林縣發展史》（下），第 23 頁。
〔註 65〕李筱峰、劉峰松：《臺灣歷史閱覽》，自立晚報社 1996 年，第 180 頁。

資格的人士。」〔註66〕

　　但是，第二屆彰化縣長候選人石錫勳，仍然提出「彰化縣政由彰化人自治」的競選口號。〔註67〕

　　如前文所述，在第三屆省議會議員選舉中，郭國基在臺北市演說時，批評國民黨少數人「作風如同『乞丐趕廟公』，『關老爺借荊州、霸荊州』！」也是利用省籍矛盾。第四屆縣市長選舉時，為了擊敗國民黨支持的周百鍊，高玉樹在政見發表會上大力宣傳「臺灣人被欺負至今，可以好好利用民選的機會，選出理想的人選，不要讓國民黨擺佈」，以爭取本省籍選票。〔註68〕

　　綜上所述，臺灣光復後到1980年代初，臺灣縣市正、副議長以上的重要選舉，留日學生參選和當選的比率很大。在1950到1970年代二十年間，縣市長有半數是留日學生；省議員也達到二成以上近三成。省議會是地方派系力量集中的地方，也是留日學生比較集中的地方。留日學生是名副其實的臺灣地方勢力領導力量。

　　在1945年到1948年間的五種「中央民意代表」選舉中，留日學生當選的比率更高：國民參政員占到75%，「制憲國大」代表占58%，「行憲國大代表」占60%，「監察委員」占80%，「立委」占100%。可見，民意代表的層級越高，留日學生當選的比率越高，充分反映了他們在臺灣政壇上的分量。

　　留日學生這個社會階層積極參選與當選比率很高的根本原因：他們的資本總量雄厚，即他們擁有雄厚的經濟資本、優越的文化資本，以及豐厚的社會關係資本。除此之外，他們還有自己一整套的選舉戰略和策略。在戰略上主要有公民直選、參加國民黨，或者參加國民黨之外的組織。在競選策略上，主要有參加全省性政治派系運作、組織或參加地方派系、猛烈批評國民黨、利用省籍矛盾等等。

　　縣市長能夠掌握地方政治資源，發展自己的派系勢力，而留日學生當選縣市長的比較多，所以，留日學生在地方政壇上地位重要。1970年代初，國民黨就用青年黨工去替換地方派系人物競選縣市長，再加上留日學生年齡已大，因而留日學生當選縣市長的比例大幅下降。到了1980年代，留日學生直

〔註66〕歐素瑛編注：《地方自治與選舉——戰後臺灣民主運動史料彙編（五）》，第482～483頁。
〔註67〕廖忠俊：《臺灣地方派系及其主要領導人物》，臺灣，允晨文化公司，2001年，第116頁。
〔註68〕黃富三主持：《臺北市歷屆市長議長口述歷史》，第25頁。

接當選縣市長的就很少了。

附錄：臨時省議會和省議會議員選舉留日學生當選情況表

附表 4-6　第一屆臨時省議會議員選舉留日學生當選一覽表

縣 市 別	當 選 人	學　　　　歷
臺北縣	白金泉	東亞商業學校
宜蘭縣	郭雨新	臺大農學院，日本留學一年
宜蘭縣	蘇東芳	早大畢業，羅東區長、宜蘭縣建設局長
桃園縣	張芳燮	日本中央大學法律系，省府參議
桃園縣	陳長壽	東京工業大學
新竹縣	姜阿新	明治大學法科肄業
苗栗縣	劉闊才	京都帝大法學部
苗栗縣	黃運金	日本大學法律科
臺中縣	陳水潭	日本醫科大學，黑派
臺中縣	林雲龍	日本法政大學
彰化縣	周天啓	日本大學
彰化縣	呂世明	早大政經科
南投縣	陳萬	日本東洋大學
嘉義縣	劉啓光	明治大學畢業
嘉義縣	劉傳來	日本大學醫學博士
嘉義縣	黃宗焜	中央大學法學部
臺南縣	黃朝琴	早大政經部
臺南縣	王雲龍	早大政經部
臺南縣	郭秋煌	東京帝大經濟部
臺南縣	梁許春菊	奈良女子高等師範學校
屏東縣	林璧輝	同志社大學
屏東縣	蕭秀利	東京慈惠會醫科大學
臺北市	林頂立	明治大學政經部
臺北市	黃成金	大阪第一高等商校
基隆市	陳漢周	東京齒科大學
臺中市	林湯盤	明治大學法學部

資料來源：劉寧彥編纂：《重修臺灣省通志》卷七，第六章民意代表之選舉 138 頁。

附表 4-7　第二屆臨時省議員選舉留日學生當選一覽表

縣 市 別	當 選 人	學　　歷
宜蘭縣	郭雨新	
宜蘭縣	陳火土	
桃園縣	張芳燮	
桃園縣	陳長壽	
新竹縣	何禮棟	京都帝大醫學部
苗栗縣	劉闊才	
苗栗縣	黃運金	
臺中縣	何金生	早大附屬第一高等學院文科畢業，
南投縣	陳萬	
雲林縣	林頂立	
雲林縣	黃祺祓	九州島大學法學部畢業
嘉義縣	黃宗焜	
嘉義縣	劉傳來	
嘉義縣	翁新臺	日本鐮倉中學
嘉義縣	許世賢	九州島帝大醫學部
臺南縣	黃朝琴	
臺南縣	吳三連	東京商科大學
臺南縣	梁許春菊	
屏東縣	蕭秀利	
臺北市	周百鍊	長崎醫科大學
臺中市	徐竈生	早大通訊函授畢業

資料來源：劉寧彥編纂：《重修臺灣省通志》卷七，第六章民意代表之選舉 147 頁。

附表 4-8　第三屆臨時省議會議員選舉留日學生當選一覽表

縣 市 別	當 選 人	學　　歷
宜蘭縣	陳火土	
宜蘭縣	郭雨新	
桃園縣	黃宗寬	明治大學
苗栗縣	王天賜	日本成城中學
苗栗縣	黃運金	
彰化縣	蘇振輝	日本醫學博士

南投縣	陳彩龍	醫學博士
雲林縣	王安順	日本田川農林高等學校
嘉義縣	許世賢	
臺南縣	黃朝琴	
臺南縣	吳三連	
臺南縣	郭秋煌	
臺南縣	王雲龍	
臺南縣	梁許春菊	
屏東縣	劉盛財	日本明治學院
屏東縣	葉慶源	日本北神商業學校
臺東縣	林尙英	東京大倉商業學校
臺北市	郭國基	明治大學
臺中市	賴榮木	明治大學
臺南市	林全祿	明治大學
高雄市	李源棧	岩手縣醫專

資料來源：劉寧彥編纂：《重修臺灣省通志》卷七，第六章民意代表之選舉157頁。

附表4-9　第二屆省議會議員選舉留日學生當選一覽表

縣 市 別	當 選 人	學　　　　歷
臺北縣	李秋遠	東北大學
宜蘭縣	郭雨新	
苗栗縣	黃運金	
苗栗縣	劉定國	日本中學畢業，中央軍校
臺中縣	陳新發	大阪工業技術學校，
彰化縣	蘇振輝	
彰化縣	黃高碧桃	大阪女子藥學專門學校
南投縣	林益川	京都昭和醫專
南投縣	李烏棕	東京醫科大學
嘉義縣	吳泉沠	日本四日市農業高等學校
嘉義縣	許世賢	
臺南縣	黃朝琴	
臺南縣	梁許春菊	
臺南縣	郭秋煌	
臺南縣	王雲龍	

屏東縣	劉盛財	明治學院
臺北市	郭國基	
臺北市	陳重光	日本成城中學
基隆市	謝清雲	長崎大學藥學部
臺中市	賴榮木	
臺中市	徐竈生	
臺南市	林全祿	明治大學
高雄市	李源棧	岩手縣醫專
高雄市	蔡文玉	慶應大學

資料來源：劉寧彥編纂：《重修臺灣省通志》卷七，第六章《民意代表之選舉》。

附表4-10　第三屆省議員選舉留日學生當選一覽表

縣 市 別	當 選 人	學　　　　　歷
臺北縣	李秋遠	
宜蘭縣	郭雨新	
宜蘭縣	陳火土	
苗栗縣	黃運金	
臺中縣	陳新發	
彰化縣	黃高碧桃	
南投縣	李烏棕	
雲林縣	廖秉輝	日本本牧中學
雲林縣	王安順	田川農林高等學校
嘉義縣	林福地	日本大學法學部肄業
嘉義縣	吳泉汝	
嘉義縣	許世賢	
臺南縣	陳華宗	日本立正大學
臺南縣	梁許春菊	
屏東縣	林亮雲	大阪工業專門學校
臺北市	陳重光	
基隆市	謝清雲	長崎大學
臺中市	賴榮木	
高雄市	李源棧	
高雄市	蔡文玉	

資料來源：劉寧彥編纂：《重修臺灣省通志》卷七，第六章《民意代表之選舉》，第177頁。

附表 4-11 第四屆省議員選舉留日學生當選一覽表

縣 市 別	當 選 人	學　　　歷
臺北縣	李秋遠	東北大學
新竹縣	古遂昌	明治大學商學部
苗栗縣	邱仕豐	東京醫科大學博士
苗栗縣	魏倫洲	日本大學經濟學部
臺中縣	陳新發	大阪技術工業學校
彰化縣	呂俊傑	早大
雲林縣	王安順	田川農校
雲林縣	廖炳輝	日本本牧中學
雲林縣	王吟貴	京都帝大
嘉義縣	吳泉汯	日本四市農業高等學校
嘉義縣	林福地	日本大學肄業
嘉義縣	黃宗焜	中央大學
嘉義縣	蔡陳翠蓮	東京共立藥科大學
臺南縣	陳華宗	日本立正大學
臺南縣	梁許春菊	
屏東縣	林亮雲	大阪工業學校
屏東縣	陳恒隆	山口大學經濟學部
澎湖縣	呂安德	日本大學建築
基隆市	謝清雲	長崎大學藥學部
臺中市	賴榮木	
高雄市	郭國基	

資料來源：劉寧彥編纂：《重修臺灣省通志》卷七，第六章《民意代表之選舉》，第187頁。

附表 4-12 第五屆省議員選舉當選的留日學生一覽表

縣 市 別	當 選 人	學　　　歷
新竹縣	陳天錫	中央大學
苗栗縣	魏綸洲	
臺中縣	陳新發	
彰化縣	謝許英（女）	九州島產婆學校

雲林縣	王安順	
雲林縣	王吟貴	
嘉義縣	蔡陳翠蓮	
高雄縣	郭吳合巧（女）	東京文華高女
屏東縣	蔡江來	日本大東文化大學
屏東縣	陳施蕊（女）	昭和女子藥科大學
臺南市	張丁誥	近畿大學商科
高雄市	歐石秀	明治大學

資料來源：劉寧彥編纂：《重修臺灣省通志》卷七，第六章《民意代表之選舉》，第 201 頁。

附表 4-13 第六屆省議員選舉留日學生當選一覽表

縣 市 別	當 選 人	學 歷
桃園縣	黃玉嬌（女）	昭和藥科大學
新竹縣	陳天錫	
苗栗縣	魏綸洲	
彰化縣	謝許英（女）	
嘉義縣	蔡陳翠蓮（女）	
高雄市	郭吳合巧（女）	
高雄縣	鄭李惠	名古屋藥專
屏東縣	陳施蕊（女）	

資料來源：劉寧彥編纂：《重修臺灣省通志》卷七，第六章《民意代表之選舉》，第 213 頁。

附表 4-14 第七屆省議員選舉留日學生當選一覽表

縣 市 別	當 選 人	學 歷
桃園縣	黃玉嬌（女）	
新竹縣	邱泉華	愛知學院
嘉義縣	蔡陳翠蓮（女）	
澎湖縣	林聯登	日本豐國高中

資料來源：劉寧彥編纂：《重修臺灣省通志》卷七，第六章《民意代表之選舉》，第 225 頁。

附表 4-15　第一屆縣市長留日學生當選一覽表（1950.8～1951.5）

縣 市 別	當 選 人	黨 籍	學 經 歷
桃園縣	徐崇德	國	立命館大學，記者公會理事長
新竹縣	朱盛淇	國	日本大學，義民中學校長
苗栗縣	賴順生	國	東京帝大，中學校長。親黃派
臺中縣	林鶴年	國	東京音樂大學，教授
南投縣	李國楨	國	早大，民政局長
雲林縣	吳景徽	國	京都大學。鎮長
嘉義縣	林金生	國	東京帝大，區長、科長
高雄縣	洪榮華	國	東京帝大。技師
臺北市	吳三連		東京商科大學，省府委員、市長
臺中市	楊基先		日本大學，律師
臺南市	葉廷珪	國	明治大學
高雄市	謝掙強	國	慶應大學肄業，市長

資料來源：劉寧彥編纂：《重修臺灣省通志》卷七，第 7 章《縣市長選舉》，第 360 頁。

附表 4-16　第二屆縣市長選舉留日學生當選一覽表

縣 市 別	當 選 人	黨 籍	學 經 歷
桃園縣	徐崇德	國	京都立命館大學
新竹縣	朱盛淇	國	日本大學
苗栗縣	劉定國	國	日本讀中學 3 年，中央軍校。劉派
臺中縣	陳水潭		日本醫學專校，省議員。病逝
臺中縣	廖五湖	國	中央大學，商校校長。遞補陳水潭
南投縣	李國楨	國	早大
雲林縣	吳景徽	國	京都醫科大學
嘉義縣	李茂松	國	中央大學，參議會議長
高雄縣	陳新安	國	京都帝大，縣議員
屏東縣	林石城	國	中央大學，縣議會議長
臺北市	高玉樹		早大，兵工廠技術顧問
高雄市	謝掙強	國	

資料來源：劉寧彥編纂：《重修臺灣省通志》卷七政治志，第 7 章《縣市長選舉》，第 369 頁。

附表 4-17　第三屆縣市長選舉留日學生當選一覽表

縣 市 別	當 選 人	黨 籍	學　　經　　歷
桃園縣	張芳燮	國	中央大學，科長，省議員
苗栗縣	劉定國	國	劉派
臺中縣	林鶴年		
南投縣	洪樵榕	國	東京高師，中學校長
雲林縣	林金生	國	東京帝大
嘉義縣	黃宗焜	國	中央大學，律師省議員
屏東縣	林石城	國	
臺北市	黃啓瑞	國	京都帝大，市議會議長
臺南市	葉廷珪		

資料來源：劉寧彥編纂：《重修臺灣省通志》卷七政治志，第 7 章《縣市長選舉》，第 376 頁。

附表 4-18　第四屆縣市長選舉留日學生當選一覽表

縣 市 別	當 選 人	黨 籍	學　　經　　歷
宜蘭縣	林才添	國	日本中學、實踐學院
新竹	彭瑞鷺	國	東京醫專，
臺中縣	何金生	國	早大，督學，局長，議員
彰化縣	呂世明	國	早大，議員，國代
南投縣	洪樵榕	國	東京高師
雲林	林金生	國	
嘉義	黃宗焜	國	中央大學
屏東縣	李世昌	國	日本大學，市長，議員，經理
花蓮縣	柯丁選	國	九州島帝大，議長，院長，董事長
臺北市	黃啓瑞	國	京都帝大
臺南市	辛文炳	國	明治大學，議會副正議長
高雄市	陳啓川	國	慶應大學，省府顧問

資料來源：劉寧彥編纂：《重修臺灣省通志》卷七政治志，第 7 章《縣市長選舉》，第 383 頁。

附表 4-19　第五屆縣市長選舉留日學生當選一覽表

縣 市 別	當 選 人	黨 籍	學 經 歷
宜蘭縣	陳進東	國	長崎醫科大學
桃園	陳長壽	國	東京工業大學，臨時省議員
新竹	彭瑞鷺		
臺中縣	林鶴年		
彰化縣	呂世明		
南投縣	林洋港	國	遞補楊昭璧
臺南縣	劉博文	國	日本專修大學，典獄長
高雄縣	戴良慶	國	明治大學，縣議會議長
臺東縣	黃順興		熊本農校
花蓮	柯丁選		
臺北市	高玉樹		
臺中市	張啓仲	國	日本醫科大學，市議會議長
臺南市	葉廷珪		
高雄市	陳啓川		

資料來源：劉寧彥編纂：《重修臺灣省通志》卷七政治志，第 7 章《縣市長選舉》，第
　　　　　391 頁。

附表 4-20　第六屆縣市長選舉留日學生當選一覽表

縣 市 別	當 選 人	黨 籍	學 經 歷
宜蘭縣	陳進東		長崎醫科大學
苗栗	黃文發	國	早大畢業，議長。劉闊才派
南投縣	林洋港		日本的中學畢業
嘉義	黃老達	國	日本大學醫科
臺南縣	劉博文		日本專修大學
花蓮縣	黃福壽	國	早大，議會議長
臺中市	林澄秋		東京農業大學
高雄市	楊金虎	民社黨	日本醫科大學

資料來源：劉寧彥編纂：《重修臺灣省通志》卷七政治志，第 7 章《縣市長選舉》，第
　　　　　398 頁。

附表 4-21　第七屆縣市長選舉留日學生當選一覽表

縣 市 別	當 選 人	黨 籍	學　　經　　歷
雲林	林恒生		東京農大
花蓮	黃福壽		早大
澎湖	呂安德		日本大學建築
臺中市	陳端堂	國	大阪帝大醫學
高雄市	王玉雲	國	日本產業能率大學

資料來源：劉寧彥編纂：《重修臺灣省通志》卷七政治志，第 7 章《縣市長選舉》，第 405 頁。

附表 4-22　第八屆縣市長選舉留日學生當選一覽表

縣 市 別	當 選 人	黨 籍	學　　經　　歷
雲林	林恒生	國	東京農大
高雄市	王玉雲	國	

資料來源：劉寧彥編纂：《重修臺灣省通志》卷七政治志，第 7 章《縣市長選舉》，第 412 頁。